W0045928

Inhalt

Vorwort   5

Liebe & Sex   7

Kinder & Family   27

Shopping & Mode   61

Diät & Essen   97

Festtage   117

Haus & Garten   143

Stars   167

Meine Leserinnen   179

Urlaub   199

Ich finde Buchwidmungen cool. Das Erste, was ich mir in einem Buch anschaue, ist, wem es gewidmet ist. Manchmal steht nur ein einziger Name dort. Robert. Oder Emma. Das lässt Raum für Fantasie. Ich stelle mir dann immer vor, wie Robert oder Emma vor Rührung weinend zusammen brechen. Sehr romantisch. Ich glaube nicht, dass die Menschen, denen dieses Buch gewidmet ist, vor Rührung aus der Fassung geraten, aber ich wäre enorm gerührt, wenn mir ein Buch gewidmet würde. Falls diese Zeilen jetzt jemand liest, der gerade ein Buch schreibt ... ich würde mich erkenntlich zeigen (und schließe Sie irgendwie in die Widmung meines nächsten Buches ein, okay?)

Also (Trommelwirbel aus dem Off):

Dieses Buch widme ich meinen nächsten und liebsten Menschen auf der Welt (diese Worte mit Tränen in den Augen zu schreiben, schaffen nur Leute wie ich. Widmungs-fanatiker.):

> *Niki. Jenny. Desiree. Benedikt. Kathi. Leni. Lukas.*
> *Paul. Florian. Mama.*
> *Christian.*

(Und jetzt bitte gerührt sein! Tut mir den kleinen Gefallen.)

USCHI FELLNER

Chanel HAT Tiffany
HEUTE INS OHR GEBISSEN

Aus dem
Alltag einer
Frauenmagazin-
Macherin

look!
edition   amazingmedia

Impressum:
ISBN: 978-3-902900-84-5
© 2015 look! edition im echomedia buchverlag ges.m.b.h.
Produktion: Ilse Helmreich
Produktionsassistenz: Brigitte Lang
Coverbild: Inge Prader
Umschlaggestaltung: Edda Lackinger
Layout: Elisabeth Waidhofer
Lektorat: Tatjana Zimbelius
Herstellungsort: Wien

Besuchen Sie uns im Internet:
www.echomedia-buch.at

Vorwort

Als mein ältester Sohn vier Jahre alt war, lebten wir ein Jahr in New York. Er ging dort in den Kindergarten. Unter anderem mit Zwillingen namens Tiffany und Chanel, die ständig grauenhaft stritten und sirenenartig heulten. Abgesehen von ihren Namen – ein Albtraum-Pärchen.

Die Eltern von Chanel und Tiffany trugen die überschaubar exotischen Namen William & Mary Mayers. Chanel und Tiffany haben es so gesehen noch gut erwischt, ihre Eltern hätten ja auch Jedlacek oder Wurbala heißen können.

Jedenfalls nahm ich mir damals vor, eine Kolumne über Chanel und Tiffany zu schreiben. Das ist nie passiert, stattdessen habe ich dieses Buch nach ihnen benannt. Weil Gegensätze das (und auch mein) Leben ausmachen.

Ich wünsche Ihnen viel Spaß beim Lesen und ein paar entspannte Stunden, nur für sich!

Ihre Uschi Fellner

Das Wichtigste
zuerst:

Liebe
& Sex

Männer
und
Frauen

Was ich bisher darüber gelernt habe, ist:

1.) „Ich liebe dich" ist das Beste, Schönste und Wirksamste, was an Worten je erfunden wurde. Sagen Sie's einfach. Und alles ist gut.

2.) Komplimente wirken Wunder. Und motivieren ist besser als nörgeln. Schatzi, du bist Weltklasse im Tischabräumen!

3.) Männer und Frauen passen echt nicht zueinander. Großartig! Genau das ist das Geheimnis der Anziehung.

Die Sache mit dem Skiurlaub

Glücklich ist, wer „danach" immer noch glücklich ist.

Studien belegen, dass Paare im Urlaub doppelt so viel streiten wie daheim. Warum ist das Schicksal so ungerecht? Warum verleidet es Menschen die knappe, gemeinsame Zeit? Vielleicht, weil wir Menschen im Urlaub sehr sensibel sind.

Beispiel Skiurlaub. Meistens ist einer der Skifanatiker in der Familie und einer nicht. Der, der es nicht ist, wollte lieber in die Sonne. Dubai oder so. Der Skifanatiker findet, Dubai ist was für Memmen. Sechs Tage lang Strand, Kamele und Gold-Bazar, für einen Skifanatiker ist so was unter jeder Würde. Demütigend, nachgerade. Fazit: Der Berg ruft! Er ruft morgens, mittags und nachmittags, unterbrochen von kurzen Einkehrschwüngen in der Hütte. Unterbrochen auch von zahlreichen „Wo bleibst du eigentlich so lange"- bzw. „Na, geht dir die Kondition aus?"-Sprüchen. Während er so spricht, stützt sich der Skifanatiker gerne am Ende einer schwarzen Piste demonstrativ gelangweilt auf seine Stöcke oder telefoniert ausführlich. Das alles erzeugt bei dem, der eigentlich nach Dubai wollte, Groll. Er könnte jetzt am Strand liegen und Kamele füttern, anstatt sich die Birne abzufrieren. Dem Dubai-Typ wird auch schnell kalt. Er hat das Im-Schnee-Herumgegurke satt bis über den Rand seines Thermo-Fleece, das er sich eh schon bis zur Nasenwurzel zieht, um nicht den Erfrierungstod zu sterben. Glaube übrigens, dass sich erwähnte Partnerstudien auf die Situation nach einem Skiurlaub beziehen. Sicher.

Grillen für den Weltfrieden

Grillen vereint im Sommer die Menschheit. Würde man an einem einzigen Sommersonntag alle kleinen Grillgemeinschaften dieser Welt zusammenfassen, käme in Summe ein bedeutender Beitrag für den Weltfrieden heraus. Die Nahrungszubereitung bei offenem Feuer führt seit jeher Kulturen, Religionen und sogar so extrem unterschiedliche Wesen wie Männer und Frauen zusammen.

Es gibt beim Grillen keine Hierarchien außer dieser: Derjenige, der grillt, ist Gott. Es gibt beim Grillen keine Regeln außer einer: Gott hat recht. Nie ist das Verhältnis der Geschlechter zueinander so klar wie beim Grillen. Die Frauen scharen sich in der Küche um die Marinaden, schleppen das Grillgut samt eindrucksvoller Grillwerkzeuge zu den Feuerstellen und verhalten sich ansonsten sanft und unauffällig. Die Männer, seit Urzeiten mit dem Grill-Gen geboren, betätigen sich virtuos an glühenden

Kohlen und geben untereinander knappe Kommentare ab: „Ist es durch?" – „Fast. Es braucht noch vierzig Sekunden, um am Punkt zu sein."

Erlaubt ist beim Grillen alles bis auf eines: den Grill-Gott zu kritisieren. Weder behutsame Kritik („Die Spareribs sind ein wenig roh, aber es macht nichts, seit meiner Tollwut-Infizierung bin ich nach rohem Fleisch süchtig!") noch sachlich fundierte („Die Bratwurst ist kohlrabenschwarz und riecht verbrannt, das soll aber sehr gesund sein ...") ist zulässig .

Da heute ein idealer Grilltag ist, schlage ich vor, dass die UNO als weltweit größte Friedensorganisation das Motto „Grillen für den Frieden" ausgibt. Hält vielleicht so manche sanfte Hand in der Küche davon ab, dem eigenen Grill-Gott mit dem Gurkenhobel eines überzuziehen und ihn hernach im Kugelgriller einzuschließen.

Große Oper, kleine Fragen

Ein Mann und eine Frau machen sich für die Festspiele in Salzburg fertig. Um 20 Uhr beginnt die „Eugen Onegin"-Premiere. Es ist 18 Uhr. Der Mann spricht in sein Handy. Die Frau hantiert im Badezimmer. Der Mann liest die Zeitung und sieht fern. Die Frau hantiert im Badezimmer.

Der Mann holt sich noch eine Kleinigkeit zu essen, dann telefoniert er wieder. Die Frau hantiert im Badezimmer. Es ist 19 Uhr. Die Frau ist fix und fertig, zum Gehen natürlich. Der Mann telefoniert noch. Es ist 19 Uhr 10. Die Frau sagt: „Du musst dich umziehen, wir müssen los, wir treffen doch noch vorher X. und Y." Der Mann sagt: „Ich bin in einer Minute fertig" und telefoniert noch schnell. Es ist 19 Uhr 12. Der Mann zieht sich seinen Smoking an. Das Hemd, die Hose, das Jackett, dann die Schuhe. Die Frau hantiert im Badezimmer. Plötzlich sagt der Mann in die Stille hinein: „Wo ist mein Smoking-Mascherl?"

Die Frau lässt die Wimperntusche sinken und denkt: „Ich habe keine Ahnung." Sie sagt: „Ich habe keine Ahnung." „Du hast doch gesagt, du nimmst das Mascherl aus Wien mit", sagt der Mann. „Hast du das Mascherl vergessen?" Die Frau denkt scharf nach, ob sie dergleichen je gesagt hat, und kommt zum Schluss, dass sie es nicht gesagt hat. Es folgt eine zehnminütige Diskussion darüber, wer wann was und was nicht gesagt hat. Leider ohne Ergebnis. Die Frau organisiert dann in letzter Minute noch ein Smoking-Mascherl, der Mann sagt: „Du bist halt ein Organisations-Genie." Die Frau hat später während der Oper vier Stunden Zeit darüber nachzudenken, warum Frauen für Dinge zuständig sind, für die sie definitiv nicht zuständig sind. Als die Oper gegen Mitternacht vorbei ist, hat sie noch immer keine Antwort gefunden

Kennen Sie die Sonntagsfrage?

Bekannt ist, dass fast jede dritte Ehe geschieden wird, aber nicht hinterfragt wurde bisher, wie viele Ehen an der Sonntagsfrage scheitern. Sollte man erheben.

Die Sonntagsfrage ist die jeden Sonntag aufs Tapet gebrachte Frage: Wer liest die Sonntagszeitungen zuerst? Er oder sie? Prinzipiell bin ich der Meinung, dass derjenige, der sonntags mit dem Hund rausgeht und gleich die Zeitungen mitnimmt, auch das Erst-Lese-Anrecht hat. Die banale Umgehung des Problems wäre, mehrere Sonntagszeitungen zu besorgen beziehungsweise sie gerecht aufzuteilen, aber: Mit dem Hund heimzukommen, zwei saubere Stapel aufzutürmen und mit den Worten „Dieser Stapel ist für dich und jener hier für mich" für ewigen Hausfrieden zu sorgen, ist unsportlich. Besser: Die Mitbewohner dahingehend zu erziehen, dass ihnen in Fleisch und Blut übergeht: Derjenige, der als Erster mit dem Hund geht, hat das Erstrecht auf ALLE Sonntagszeitungen und kann damit machen, was er will.

Papierschiffe, Flugzeuge, Collagen, Jonglierbälle, zum Beispiel. Der Hunde-Äußerlgeher kann seine Zeitungen zerschneiden, aufessen oder auch lesen, was aber nicht sofort sein muss, sondern zum Beispiel auch erst um acht Uhr abends sein kann.

NICHT NETT: Betont desinteressiert schauen und, während man das Meerschwein füttert, den Stapel Zeitungen, den man sich für später hergerichtet hat, blitzschnell schnappen, „komme gleich wieder" zu nuscheln und das Lokal für sechs Stunden zu verlassen.

SEHR NETT hingegen: Selbst mit dem Hund rausgehen, Zeitungen holen, mit roter Schleife und Herz versehen und den Worten „Für dich, mein Schatz" abliefern. Das ist dann wahre Liebe!

Shades of grey – jetzt wird's richtig dreckig!

Freundin M. ruft an, ob ich heute abend zu dieser Veranstaltung gehe. Alle sind dort. „Wenn eh alle dort sind, dann gehe ich dir wenigstens nicht ab", sage ich. „Warum gehst du nicht hin?", fragt M. „Weil ich einen wichtigen Termin habe", sage ich. „Mit wem?", fragt M., die noch nie für diskrete Fragen berühmt war. „Mit einem Mann", sage ich.
„Aha", sagt M., „mit deinem Mann, wie romantisch!"
„Romantisch ist es sicher", sage ich, „aber um meinen Mann handelt es sich nicht in diesem Fall." M. lacht dreckig, sagt „Meine Liebe, enjoy!" und legt auf.

Kollege H. kommt vorbei. Ob ich heute zu dieser Veranstaltung gehe. Er geht. „Das trifft sich gut", sage ich, „dann brauche ich nicht zu gehen." „So war das nicht gemeint", sagt H., und beiläufig: „Und? Was Tolles vor?" „Was total Tolles", sage ich.

H's Äuglein funkeln. Er will wissen, was es Tolleres als diese Veranstaltung heute abend gibt. „Ich treffe wen", sage ich, „privat, du verstehst?" H. lacht dreckig. Als ich um acht vor der Tür stehe, schließt mich mein Rendezvous fest in die Arme. M. hat recht. Alles sehr romantisch. „Ich habe Hunger", sage ich. Mein Rendezvous führt mich ins Schlafzimmer und sagt: „Leg dich hin!" Wow. Der legt richtig los.

Mein Rendezvous beginnt mich zu füttern. Allerlei Krümelchen landen in meinem Mund. Kaviar? „Mmmm", sage ich und verdrehe vor Wonne die Augen. Das Rendezvous lacht. „Weißt du", sage ich zum Rendezvous, „ich hätte heute super essen gehen können, aber wegen dir habe ich abgesagt." „Warum?", fragt das Rendezvous. „Weil du mir wichtiger bist", sage ich. „Das ist in Ordnung", sagt das Rendezvous und bohrt in seiner Nase.

Männer, wenn sie unter drei sind, können umwerfend sein.

Missverständnis–Ges.m.b.H.

Haben Sie einen (Lebens-)Partner? Dann wissen Sie Bescheid.

Je älter ich werde, desto stärker reift in mir die Annahme, dass das Zusammenleben zwischen Mann und Frau auf einem großen Missverständnis beruht. Rundum lauter Paare, die, trotz öffentlich bemühter Harmoniebezeugungen, im Grunde eine Missverständnis-Ges.m.b.H. führen. Nehmen wir folgenden fiktiven Urlaubsdialog, die handelnden Personen sind selbstverständlich frei erfunden, könnten aber jederzeit auch Sie oder ich sein:

Er: „Was für ein herrlicher Tag! Schau wie schön die Sonne scheint. Gehen wir jetzt gleich Ski fahren oder erst später?" Sie: „Hmmm." Er: „Was jetzt? Gehen wir, oder gehen wir nicht?" Sie: „Der Schnee ist schon sehr schlecht. Total patzig. X. hat sich gestern beim Skifahren den Knöchel verletzt." Er: „Was heißt das jetzt?" Sie: „Das heißt, der Schnee ist schlecht." Er: „Ich hab dich gefragt, ob du mit mir Ski fahren gehst. Ich geh jetzt jedenfalls. Soll ich auf dich warten oder nicht?" Sie: „Hmmm." Er: „Kannst du bitte antworten wie ein normaler Mensch?" Sie: „Was heißt, ich bin kein normaler Mensch! Willst du streiten?" Er: „Bitte, ich will nur Ski fahren gehen. Ich würde mich wahnsinnig freuen, wenn du mitgehst. Kommst du jetzt?" Sie: „Ich muss den Kleinen um halb vier vom Skikurs abholen. Der Schnee ist auch sehr schlecht." Er: „Es ist halb elf. Die Sonne scheint. Kommst du jetzt?" Sie: „Ich überleg's mir." Er: „Überleg's dir bitte jetzt, ich will nämlich gehen, bevor es halb vier ist." Sie: „Immer musst du mich hetzen, sogar im Urlaub. Kann ich nicht EINMAL in Ruhe überlegen?" Er: „Ja oder nein?" Sie: „Hmmm." Beide (trübe sinnierend): ER/SIE HAT WIEDER NICHTS KAPIERT!

Schweigen oder reden?

Vor Weihnachten rücken alle zusammen – sagt man. Nach Weihnachten gibt es die meisten Scheidungen – sagen die Experten. Der Schluss liegt nahe, dass zwischen VOR Weihnachten und NACH Weihnachten in ganz schön vielen Partnerschaften gestritten wird. Oder nicht einmal mehr das.

Die Sprachlosigkeit ist der Tod jeder Beziehung, sagen wiederum die Therapeuten, die es wissen müssen. Nicht die offen ausgetragenen Konflikte führen zur Trennung sondern jene, die nicht ausgetragen werden. Die jeder Partner still mit sich alleine ausmacht.

17

Ein Scheidungsanwalt erzählte mir unlängst in launiger Runde, dass eine seiner zahlreichen Klientinnen die Scheidung deshalb eingereicht habe, weil ihr Mann auf ihre Frage „Was denkst du jetzt gerade?" seit über 20 Jahren die gleiche Antwort gibt: „Ach nichts!" (Das war die Antwort.) Geht man davon aus, dass die Fragestellerin ihrem Mann diese, zugegeben nicht äußerst kreative Frage zwei Mal täglich zugemutet hat, wird sie um das vierzehntausendsechshundertste Mal herum, als ihr Mann „Ach nichts!" sagte, wohl die Scheidung eingereicht haben.

Aus Sprachlosigkeit, sagte der Anwalt, reichen fünfzig Prozent der Paare ihre Scheidung ein (die anderen fünfzig Prozent wegen Untreue). Aus einer neuen Umfrage (Elitepartner.de) geht hervor, dass vierzig Prozent der Schweiger Untreue verschweigen. Und 42 Prozent ihre erotischen Tagträume. Das wirft die Frage auf, was nun die bessere Antwort auf „Was denkst du jetzt gerade?" ist: „Ach nichts!" oder: „Ich habe dich gerade betrogen, aber mach dir nichts daraus, ich habe mir damit nur meine erotischen Tagträume erfüllt." Was auch immer Sie finden, Sie sollten die Konsequenz daraus lieber erst NACH Weihnachten ziehen ...

Ein Sonntag im Bett. Was gibt's Schöneres?

Es ist Sonntag. Ein Mann, eine Frau und zwei Kinder liegen noch im Bett. Die Frau liegt am Rande des Bettes, das Kreuz tut ihr weh, weil die Kinder, die sich im Laufe der Nacht angesammelt haben, ihre spitzen kleinen Knie in ihren Rücken bohrten. Alles ist gut. Bis der Mann in die Stille hineinsagt: „Wollen wir nicht Drachen steigen lassen gehen?" Die Frau und die Kinder sagen nichts. Die Frau blinzelt zum Fenster. Es nieselt, der Sturm heult. „Das Wetter ist grauenhaft", sagt die Frau. „Der Wind ist super", sagt der Mann. „Wenn wir gleich gehen, schaffen wir es, bevor der große Regen kommt. Also los, meine Lieben, hopp, hopp!" Er klatscht tatendurstig in die Hände und schwingt sich aus dem Bett. „Jetzt geht es an die frische Luft", sagt der Mann. „In zehn Minuten sind wir alle fertig. Wer ist der Gewinner?" „Kann ich fernsehen?", fragt das größere Kind. Das kleinere Kind schläft noch und grunzt friedlich. „Wir brauchen mindestens eine Stunde", sagt die Frau, „die Kinder haben noch nicht gefrühstückt." Der Mann kommt pfeifend aus dem Bad. „Ich gehe schon einmal den Drachen holen", sagt er froh. „Wo ist der eigentlich?"

„Wo ist eigentlich ...?" ist übrigens die kriminalistisch meistunterschätzte Frage der Geschichte. „Wo ist eigentlich ...?" ist die Ursache von 99 Prozent der Gewalttaten im häuslichen Kreis. Historiker fanden heraus, dass Kain seinen Bruder Abel aufgrund einer „Wo ist eigentlich ...?"-Frage erschlagen hat (das darf ich Ihnen hiermit exklusiv vermelden).

Der Drachen ist dort, wo er immer ist", sagt die Frau. „In der Garage." Leider dämpft diese Aussage die Stimmung des Mannes. Er kippt quasi von einem sonnigen Berggipfel in einen nieselnden Sonntagvormittag. „Wo in der Garage?", fragt er unsicher. „Irgendwo ganz hinten", sagt die Frau. Sie streckt sich bei diesen Worten genüsslich. Sie weiß, der Mann wird, nachdem er zehn Minuten gesucht hat, mutlos und mit den Worten „Bei dem Saustall da unten ist es unmöglich, was zu finden" wiederkehren und sein sinnloses Unterfangen aufgeben. „Wo ist eigentlich ...?" lässt selbst große Vorhaben oft zu Staub zerfallen. Die Frau findet die „Wo ist eigentlich ...?"-Frage plötzlich ganz sympathisch. Sie weiß, dass es an diesem Vormittag niemand mehr besonders eilig haben wird. Das Kind schaltet den Fernseher ein. Es wird ein guter Tag.

Warum es gut tut, es einfach mal wieder öfter zu tun ...

Die Aufforderung zur Unanständigkeit kam vor zehn Tagen: „Liebes", flötete E. ins Telefon, „wie wäre es wieder einmal mit uns beiden? Machen wir's doch so wie früher ..." „Ich weiß nicht", sagte ich zögernd. „Das letzte Mal ist schon so lange her. Ob uns das überhaupt noch Spaß macht?" „Was ist los mit dir?", höhnte E. „Du klingst ja total verspießert! Wo ist die Spontaneität von früher? Weißt du nicht mehr, als wir ..." E. kicherte jetzt ganz schön eindeutig. „Früher, früher", sagte ich. „Früher war vor den Kindern, vor der ganzen Verantwortung, vor ..." Ich zählte noch zirka sechsundzwanzig VORS auf. Eigentlich lässt sich das Leben ja in DAVOR und DANACH einteilen, wollte ich gerade philosophisch anbringen, als E. energisch wurde: „Du musst es dringend wieder einmal mit mir tun", raunte E. „Glaub mir, du brauchst das." „Ich weiß nicht", sagte ich, „und außerdem: Wo überhaupt? Und was sag ich den Kindern?" „Am besten, du sagst es niemandem", flüsterte E. „So wie früher. Schweigen und genießen ..." „Ich überleg's mir", sagte ich. „Überleg nicht zu lange", sagte E. „Sonst ruf ich die D. an. Die ist nicht so zickig und will eigentlich immer!"

Ich überlegte. Wann immer ich Zeit zum Überlegen hatte, überlegte ich. Donnerstag ließe sich vielleicht einrichten, zwischen 17 und 20.30 Uhr. Ich rief E. an. „Ich mach's", sagte ich knapp. Donnerstag ab 17 Uhr geht. Kein Wort zu irgendwem, kapiert? Wo treffen wir uns?" E. nannte die Adresse und fragte, was ich bevorzugen würde. Ob es eher romantisch oder eher, naja, heftiger zugehen dürfe? „Kein blödes Getue", sagte ich. „Wenn schon, dann Action ..." „Verstehe", sagte E. „Ich werde mein Möglichstes tun, damit's dir gefällt."

Als E., übrigens in Begleitung von D., die sensations-lüstern zusehen wollte, dann eintraf, hatte ich bereits Popcorn, Rumkugeln und Sportgummi besorgt, für alle Fälle. Meine Freundinnen und ich amüsierten uns prächtig im Kino und beschlossen, das jetzt ein-mal monatlich zu tun. Heimlich natürlich. Weil, dass man sich an einem stinknormalen Wochentag drei Stunden sehr frivol vom Leben ausklinkt, ist dem Rest der Welt nicht so einfach zu erklären. Nur so viel: Es tut zum Rotwerden gut!

Warum viele Männer diese Kolumne lesen sollten

Es gibt ja mindestens tausend Arten, um „Ich liebe dich" zu sagen. Dürfte ich bescheidene zwei aufzählen, von denen ich sicher weiß, dass sie von meinesgleichen und mir gerne, häufig und auch gerne häufig angenommen werden:

1.) Du hast super abgenommen! Diese kleine Feststellung impliziert ein doppeltes „Ich liebe dich", ist also der doppelte Axel auf dem glatten Parkett der Liebesbeweise. Werte, meistens sehr, ab und zu weniger, aber im Grunde ausreichend geliebte Hauptakteure unserer Herzen: Treffen Sie obige Feststellung ruhig auch dann, wenn Sie keinen Grund sehen, sie zu treffen. Springen Sie über Ihren Schatten, seien Sie großzügig, tun Sie so, als würden Sie die Bemühungen Ihrer Herzensdame (20 Deka minus seit vorgestern) mit freiem Auge erkennen. Verbindlichsten Dank, wir werden uns zu revanchieren wissen (Ihr Bauchansatz ist übrigens auch ziemlich sexy ...).

2.) Wozu willst du überhaupt abnehmen? Du hast doch eine super Figur! Männer: Diese Art der Liebeserklärung ist ein Volltreffer! Dreifacher Axel, eingesprungen, Weltmeistertitel! Sagen Sie es einfach, sagen Sie es, wann immer Sie eine von uns zum Beispiel die Dessertkarte studieren sehen und dann „Danke, für mich nur einen kleinen Espresso" sagen hören. Sagen Sie es, wann immer Sie eine von uns Salat essen und danach blitzschnell die Spaghettireste der Kinder verputzen sehen; sagen Sie es ... ach, Ihnen wird schon einfallen, wann und wo (vergessen Sie aber bitte nicht, es heute zu sagen!).

Aber und Achtung: Bringen Sie keinesfalls Liebeserklärung Nr. 1 („Super abgenommen!") mit Nr. 2 („Wozu willst du überhaupt ...") durcheinander, das heißt, erkennen Sie unbedingt die Gemütsverfassung der Frau Ihrer Träume, sonst transferiert sie zum Albtraum (für Sie!). Wer schwungvoll im Abnehmen ist und das erste halbe Kilo geschafft hat, betrachtet Erklärung Nr. 2 als Hohn und als massive Kritik an der Figur. Ja, Frauen sind nicht die Allereinfachsten, und wenn Ihnen das alles zu kompliziert war, besorgen Sie einfach Blumen, reißen Sie irgendwo einen Buschen aus, halten Sie ihn Ihrer Traumfrau unerwartet unter die Nase. Sie dachten eigentlich daran, heute rote Rosen zu kaufen und einfach lieb zu sein? Geht in Ordnung, gekauft.

Achtung! Nicht jugendfrei! Hier geht's um ... (Schweindikram und so)

Immer wieder beschweren sich Leserinnen, dass ich in meinen Kolumnen praktisch über alles schreibe. Außer über Sex. Diese Leserinnen haben recht. Wenn man von meinen Kolumnen auf das Leben meiner Leserinnen schließen müsste, hätten die null Sex. Natürlich ist es nicht so, dass ich die Welt im Glauben der unbefleckten Empfängnis lassen will.

Die Wahrheit ist: Kolumnisten, die wie ich ihren Alltag beschreiben, unterliegen einer Art Kolumnen-Zölibat. Wir, die sexfreien Schreiber, leben reichlich unspektakulär. Wir beschäftigen uns weitgehend mit Dingen, aus denen sich Kolumnen machen lassen. Mit dem Alltag eben. Sex, vor allem der, über den man lesen will, hat aber mit Alltag nichts zu tun. Verstehen Sie? Natürlich gibt es noch die anderen Kollegen. Die fürs Grobe. Die Sex-Kolumnisten. Vermutlich führen die ein steiles Leben. Sollte ich je einen Sex-Kolumnisten treffen, werde ich Sie via Kolumne umgehend von seinen Schweinereien informieren. Jedenfalls, Sie merken, der Sex geht mir als Kolumnen-Thema schwer von der Hand. Trotzdem nehme ich jetzt meinen Mut zusammen und mache diese eine Ausnahme, damit nie wieder der Vorwurf kommt, ich klammere den Sex aus dem Leben meiner Leserinnen aus. So, Sie dürfen jetzt vorauseilend rot werden.

Also: Unlängst hatte ich einen erotischen Traum. Zu meiner Verteidigung muss ich anführen, dass ich nicht die Einzige bin, die im Traum mit Leuten rummacht, die sie tagsüber nur mäßig anziehend findet. Aus Sicht der Traumforschung ist so was ganz normal! Ich träumte, dass ich im Dschungelcamp sei, und das war ganz lustig. Bis sich der Schlagersänger Karel Gott, den ich übrigens noch nie getroffen habe und von dem ich auch nicht weiß, ob er wie ich noch nie im Dschungelcamp war und dort auch nicht hinwill, bis sich Karel (wir waren dann schnell per du) mir in eindeutiger Absicht näherte. Er trug eine mit grünen Spinnen bedruckte Bermuda und bleckte lüstern sein Gebiss. Die Details würde ich Ihnen grundsätzlich gerne ersparen. Aber: Deal! Schreiben sie mir, mit welchen historischen Figuren à la Karel Gott Sie im Traum schon mal, Sie wissen schon. Wenn mehr als zehn Leserbriefe eintrudeln, fällt mein Kolumnen-Zölibat. Und ich glossiere künftig so, dass Sie heiße Ohren bekommen. Vermute aber, Sie sind inzwischen auch ganz froh darüber, dass ich keine Sex-Kolumnen schreibe.

Mindestens genauso wichtig:

Kinder
& Family

*... meine und
die anderen*

Kurze Anmerkung für meine eigenen Kinder:

Natürlich seid ihr das Beste, was mir im Leben passieren konnte.

Durch niemanden und nichts habe ich so viel gelernt wie durch euch.

Bevor ihr jetzt größenwahnsinnig werdet, merkt euch bitte: Es gibt nur einen Menschen auf der Welt, bei dem ihr IMMER das Telefon abheben müsst!

Dafür verspreche ich auch künftig größtmögliche Schonung in meinen Kolumnen.
Ich liebe euch. Immer und überall.

Bald wird die Welt versinken

Der einzige Grund, warum kleine Kinder zu McDonald's wollen, sind die Geschenke. Der einzige Grund, warum kleine Kinder Überraschungseier wollen, sind die Geschenke. Der einzige Grund, warum kleine Kinder sich nicht wie unerzogene Gorillas benehmen, sind sofort überreichte oder in nahe Aussicht gestellte Geschenke. Nichts Großes natürlich.

Kleine Kinder lieben kleinen Plastikschnickschnack, Zeug in grellen Farben, das sich binnen zwei Minuten in seine Bestandteile zerlegt, und diese kleinen Teile ergeben irgendwann ein großes Problem. Bei einem einzigen Kind geht es ja noch, da sollen Eltern der Fama nach noch in der Lage sein, sich durch Lawinen an Plastikteilen schmale Gänge zu graben, in denen sie zum Ausgang und zurück robben können. Haushalte mit zwei oder mehreren Kindern rufen allerdings immer öfter den Notstand aus.

In solchen Haushalten, und einer davon ist mir näher bekannt, lagern Millionen Plastikteile, und wehe, irgendein Banause wirft ein Teilchen weg. – Drama! Das alles führt in Folge dazu, dass die Plastikteile die Herrschaft über Haus und Hof übernehmen, sie lagern mannshoch in Räumen, die einst zum Essen, Schlafen oder Wohnen errichtet wurden, sie überfluten Toiletten und Bäder, quellen aus Fenstern und Türen und nehmen von ganzen Städten, Ländern, ja, Kontinenten Besitz. Höchstens zwei, drei weitere Überraschungseier, und dann haben die Plastikteile meiner Kinder die Weltherrschaft übernommen. Ehrlich, ich hätte Ihnen das gerne erspart. Ich selbst flüchte nach diesen Zeilen in den Luftraum, dort oben soll man noch halbwegs atmen können und keiner kann sagen, dass ich Sie nicht gewarnt habe! Adieu also.

Bei den Ski-Zwergen

Schön, nicht unbedingt Skilehrer sein zu müssen ...

Kenne zwei Knirpse, die wollen Ski fahren können wie Hermann Maier, allerdings ist ihnen nicht ganz klar, dass dies ein weiter Weg sein dürfte. Der eine heißt Benedikt, der andere ist Edgar, sein Freund (derjenige, der bis zu seinem fünften Lebensjahr keine bewegten Bilder sehen darf). Beide besuchen die Marienkäfer-Gruppe der örtlichen Skischule, wobei diese die rasanteste ihrer Kategorie ist. Neun Marienkäfer haben knallgelbe Schürzen umgebunden, die sie erstens als Marienkäfer qualifizieren und zweitens das unauffällige Verschwinden verhindern sollen. Wird ein Knirps mit gelber Schürze etwa zufällig im nächstgelegenen Pub aufgegriffen, kann man ihn sofort als Marienkäfer identifizieren und gewaltsam in die Skischule zurückbefördern. Das ist nicht so abwegig. Die Marienkäfer neigen zum geselligen Verschwinden. So, jetzt geht's aber zur Sache: Pizza (früher Schneepflug) wird geübt. Glauben jedenfalls die Skilehrer.

Drei Marienkäfern ist kalt und sie heulen, einer muss aufs Klo und er heult, zwei suchen ihre Mamas und sie heulen, bleiben drei Marienkäfer übrig, die nicht heulen. Zwei davon wälzen sich im Schnee und spielen, dass sie Krokodile sind, einer übt tatsächlich Pizza. Er verdient den goldenen Marienkäfer-Orden. Aber nur kurz. Weil ihm fad ist und bis auf die Krokodile sowieso alle heulen, beginnt er sich auszuziehen. Zwei Heulende finden das lustig, tun es ihm gleich und hören dafür auf zu heulen. Ein erstklassiges Tauschgeschäft. Wenn man die Marienkäfer so aus der Distanz beobachtet, erkennt man, dass man ein glücklicher Mensch mit einem großartigen Beruf ist. Das Einzige, was man nicht sein möchte, ist Skilehrer in der Marienkäfer-Gruppe.

Bitte nicht ausdiskutieren!

Hätte ich gewusst, was ich durch das Outing von Gonzo Gonzales gestern losgetreten habe, ehrlich, ich hätte geschwiegen. Vor neun Uhr früh schon trafen erste

31

Mails der Elternvertreter von „Spaß durch Malen" ein,
die über die Tatsache, dass die Kinder neben „Spaß durch
Malen" auch Spaß durch das Annehmen einer fremden
Identität sowie durch afrikanischen Ausdruckstanz
haben, ausdiskutieren wollen. Ich habe die Eltern an die
Leiterin von „Spaß durch Malen" verwiesen, die das gewiss gern diskutiert. Leider hat sie derzeit Spaß im Urlaub, vermutlich nicht durch Malen. Die mit zwölf unter
falscher Identität malenden Kleinkindern zurückgeblie-
bene Praktikantin hat im Gegensatz zu ihrer Chefin nicht
viel Spaß, weil sie die aufgewühlten Eltern am Hals hat.

Das tut mir leid. Ich war mir nicht bewusst, dass „Spaß
durch Malen" Elternvertreter hat, die alles „ausdiskutieren" wollen. Das klingt nach gefährlicher Drohung. Man
kann die Weltwirtschaftskrise ausdiskutieren, das wird
nichts bringen, außer, dass man mit dem Gastgeber, der
einen diesen derart öden Abend eingebrockt hat, nie
wieder ein Wort spricht. Man kann mit seiner Mutter die
Frage diskutieren, ob Dreijährige „Spaß durch Malen"
haben (das kann Monate dauern und zum Familienkrieg
ausarten; also lassen Sie es lieber). Man kann flammen-
de Diskussionen darüber führen, ob die Kinder der
3A Gummi- oder Ledersohlen-Patschen tragen sollen
(unter uns: wurscht!). Oder wie man den Kindern der 4B
Vollwert-Buchweizen-Kuchen als gesunde Schuljause
näherbringen kann (unter uns: gar nicht). Ich will nicht

32

mehr diskutieren. Deshalb zeigen Sie sich bitte großzügig, vergessen Sie mich, doch vergessen Sie nicht auf den Spaßfaktor im Leben!

Die ganze wahre Geschichte ...

... von Edgar und seinen Fingern in meiner Anti-Falten-Creme.

Edgar und sein Verhalten meinen Cremetöpfen gegenüber erregt die Gemüter mehr, als ich dachte. Leserin Maria B. mailte etwa, es wäre klüger gewesen, den Dreijährigen, der seine Hand in meinem „La Prairie"-Töpfchen vergrub, den Inhalt ausfasste und sich ins Gesicht patzte, nicht anzuschreien, sondern abzulenken. Ja, klüger vielleicht. Aber Schreien ist eingelerntes Verhalten.

Man muss sich die Szene so vorstellen wie in den alten Hitchcock-Krimis: Eine Frau (ich) betritt ihr Badezimmer und denkt an nichts Böses. Da sieht sie IHN (Edgar!). Er umklammert ein Werkzeug des Teufels (meinen „La Prairie"-Topf) . Er holt blitzschnell aus und fährt mit der Faust in den Tiegel (bei Hitchcock kommt jetzt ein Messer ins Spiel). Die Musik steigert sich zu einem klirrend lauten Geräusch und dann – DER SCHREI: „Nein, tu es nicht!" Die schreiende Frau (ich) hat angstgeweitete Au-

33

gen, der mit dem Messer – in dem Fall, dem Creme-Topf –
auch. Der Blick der Frau und der Blick des Attentäters
treffen einander, beide wissen: Nichts ist mehr so, wie
es war. Bei Hitchcock würde die Frau jetzt schluchzend
neben dem mit dem Messer zusammenbrechen und „Was
hast du getan, du hast mein Leben ruiniert" stöhnen.

Bei Edgar und mir war es so, dass ich in demütigender
Weise meine Wangen an denen von Edgar rieb, um Reste
der kostbaren Creme in meine Haut aufzusaugen. So,
jetzt kennen Sie die ganze Geschichte von Edgar, dem
Cremetopf und mir und, weil ich gerade am Auspacken
bin, hier der Höhepunkt: Wir haben es getan und nach-
her zusammen die DVD „Der kleine Eisbär" angesehen
und Edgar sagte zu mir: „Jetzt bist du eine nette Frau."
Wenn das kein gutes Ende ist!

Edgar und der Creme-Tiegel

Kinder sollten lieber fernsehen, bevor sie Unheil anrichten.

Das Schicksal meinte es gut mit Edgar und ließ ihn bei
uns übernachten. Edgar ist der Dreijährige, der bis zu
seinem fünften Lebensjahr keine bewegten Bilder sehen
darf, und ein Freund meines Sohnes. Edgar ist pflege-
leicht. Streng genommen, bräuchte man ihn nur vor die

DVD „Der kleine Eisbär" zu setzen, und er würde sich drei Tage lang den kleinen Eisbären reinziehen, was – unter uns – sein Lebenstraum ist. Natürlich halte ich mich aber an erzieherische Grundsätze Anderer, auch wenn mit dem Tritt über meine Schwelle meine Grundsätze Vorrang haben. Meine Grundsätze besagen, dass der Genuss des kleinen Eisbären vor dem fünften Lebensjahr nicht lebensbedrohend ist.

Jedenfalls, wir beschäftigten uns anders. Türme bauen und umwerfen. Eine Tätigkeit von hoher Sinnlosigkeit für den, der die Türme bauen muss. Dann telefonierte ich. Dann waren die Türme-Zerstörer verschwunden. Fand sie in meinem Badezimmer, wo Edgar den Inhalt eines „La Prairie"-Tiegels zuerst in seine dicke, kleine Faust und dann in sein Gesicht pappte. „Nein", schrie ich „tu das nicht!" „Edgar macht sich schön", sagte Edgar zufrieden. „Edgar", sagte ich, während ich die Reste einer 235-Euro-Creme von ihm kratzte, „diese Creme stoppt deinen Alterungsprozess, du wirst deshalb mit 16 Jahren leider aussehen wie mit drei." Edgar begann aufgrund dieser Aussicht zu heulen, sein Freund polierte derweil mit dem letzten „La Prairie"-Rest akribisch den Badewannenrand. Jetzt nur einmal in den Raum gestellt: Hätte Edgar sich den kleinen Eisbären angesehen, was wäre passiert? Nichts, außer dass er mit 16 Jahren nicht wie ein Dreijähriger aussehen wird. Schlecht?

Falsche Torten im Stoßverkehr

Bisher war es so: Ich stehe in der Küche und schlage
mit einem Holzlöffel auf wehrlose Muffins ein. Ich gebe
den beim Bäcker gekauften Muffins dadurch einen
hausgemachten Look. Muffins hauen ist übrigens kom-
plizierter, als der Laie denkt. Schlägt man zu brutal hin,
zermerschert man den teuer erkauften Betrugs-Muffin
zu einem Haufen Krümel. Besser: Mit einer schnellen
Bewegung dem Muffin einen kurzen Schlag versetzen, so
wie ein Verbrecher, der aus dem Hinterhalt agiert. Opfer biegt um die Ecke, Knüppel saust nieder, zack. Opfer
wehrlos.

Da liegt er jetzt der Muffin, mit zerstörtem Hinterkopf.
Nun (fertig gekaufte) Zuckercreme in die Wunde sprü-
hen, locker Smarties, oder was man halt sonst findet, ein-
streuen (außer Hustenbonbons geht eigentlich alles). Das
Ergebnis geht selbst bei Mathildas Mutter, amtierende
Europameisterin in der Spezialdisziplin Panama-Torte,
als hausgemacht durch.

Jetzt, wo minütlich neue Mails zum Thema Kuchenfälschen eintreffen, werde ich meine Methode gegen die
einer gerissenen Fälscherin tauschen. Leserin Mission
Possible (wir agieren natürlich alle unter Decknamen)
beschreibt ihren Betrugskuchen so: „Fertige Torte vom
Bäcker holen und im Kofferraum irgendwie hinstellen.

Straße mit starkem Stop-and-go-Verkehr aussuchen und möglichst zur Verkehrsspitze befahren. Einparken, Kofferraum auf, Deckel von Tortenschachtel abnehmen, Plastiklöffel auspacken, Tortenverzierung damit in Papiertaschentücher schmieren. Achtung: Langärmelige Bluse anziehen und mit den Manschetten über die pickigen Papiertaschentücher streichen! Flecken dienen als Alibi!" So viel Abgefeimtheit wird via Internationalem Backwerk-Betrugs-Zertifikat mit „ausgezeichnet" beurteilt!

Händchenhalten im Kindergarten

Früh übt sich, wer liebesmäßig später bestehen will ...

Stelle fest: Im Vergleich zu heutigen Kindern waren wir Spätzünder in jeder Beziehung, besonders in Sachen Knutschen und so. „Patrick ist verliebt", teilte mir unlängst eine stolze Mutter mit und zwinkerte verheißungsvoll mit den Augen. „Wer ist denn die Glückliche?", fragte ich. Es handelt sich um Amanda, die fesche Blonde aus dem Tanzkurs für unter Dreijährige. Am selben Tag erhielt ich von einer Freundin ein Mail mit kompromittierenden Fotos. Zu sehen waren Anna, 4, ihre Tochter, die mit einem mir unbekannten Amadeus, 5, schmuste. „Wenn sich dein Sohn nicht anstrengt, ist er Anna los", stand im Mail.

Einmal für das Phänomen der frühen Bindung sensibilisiert, erblicke ich jetzt rund um mich nur noch Zwergen-Pärchen: Anna und Amadeus; Patrick und Amanda; Karoline und Lukas; Tassiolo und Kolumbine (die heißen wirklich so), beide zweieinhalb, deren Kinder bestimmt unaufwendige Namen wie Otto oder Gertrud tragen werden, um das schwere Erbe ihrer Eltern zu mildern.

Und persönlich quält mich ein bestimmter Gedanke: Was ist eigentlich mit meinen Spätzündern daheim los? Der Zehnjährige hat bis jetzt noch keine ernsthafte Verehrerin, nur lose Geschichten ohne Zukunft, da habe ich die Hoffnung schon fast aufgegeben; und bei meinem Stiefsohn, knapp 13, tut sich in Beziehungsdingen genau null. Langsam wird es eng. In trüben Momenten glaube ich ehrlich: Meine krieg ich nie an!

Kuchenbacken-Wettbewerb

„Liebste", sagte Mathildas Mutter zu mir, „wir haben beschlossen, beim Schulabschlussfest einen Kuchenwettbewerb zu initiieren." „Wer ist wir?", fragte ich. „Die Mütter-Gemeinschaft der Schule. Die Kinder werden die Kuchen testen, die Mutter mit dem besten Kuchen bekommt einen Preis." „Wie schön", sagte ich, „ich werde ihn sicher nicht gewinnen." Mathildas Mutter lachte gequält. „Ich hoffe, Sie machen trotzdem mit", sagte sie, „und es wäre nett, wenn Sie den Wettbewerb in Ihrer Zeitung ankündigen könnten."

Manchmal bin ich sprachlos. Und während ich hier sitze und nachdenke, wie ich den Backwettbewerb der Schule ankündigen könnte, ohne von höherer Stelle entmündigt zu werden, kommt mir eine grausame Idee. Ich werde ein Fälschungsnetzwerk gründen. Ein Netzwerk, das es sich zum Ziel setzt, beim Bäcker gekaufte Kuchen auf höchstem Niveau derart zu fälschen, dass sie beim Schulbuffet als selbstgebacken durchgehen (Anmeldungen bitte an unten stehende Mailadresse). Hähä. Ich merke förmlich, wie die kriminelle Ader in mir pocht. Zuerst würden wir nur ein paar Hundert sein, bald schon wären wir Abertausende, Millionen, die weltumspannend Kuchen fälschen. Wir würden Seminare und Coachings abhalten, die kanadische Fälschungsmeisterin könnte sich mit der finnischen über die Möglichkeiten der perfekten Karottenkuchen-Fälschung austauschen, und ich würde als Kopf der international gesuchten Kuchen-Fälscherbande im Untergrund leben müssen. Egal. Wenn ich dereinst die Augen schließe, wird meine stolze Botschaft an die ums Totenbett versammelten Nachkommen sein: „Ich habe zeitlebens Backwerk für eure Schulbuffets gefälscht. Und keiner hat's gemerkt!"

Mit 70 glücklich wie nie ...

Freuen Sie sich: Im Alter werden Menschen glücklicher.

An der eigenen geliebten Brut erkennt man, wie alt man ist. Wer ständig die Musik seiner Kinder runterdreht, muss mindestens vierzig sein. Und manchmal können einen Kinder mit harmlosen Fragen sogar aus der aktuellen Generation kicken. Einfach so.

Die Frage kann zum Beispiel lauten: „Mama, was ist eine Schallplatte?" Achtung! Sollten Sie so etwas gefragt werden, achten Sie bei der Beschreibung darauf, die Wörter „damals", „früher" oder „seinerzeit" eher zu vermeiden, es sei denn, Sie wollen sich selbst älter machen, als Sie eigentlich sind. Sagen Sie nichts in der Art von: „Liebes Kind, damals als dein Vater noch langes Haar hatte und beglückt die neue Led-Zeppelin-LP aus der Hülle zog ...", sondern sagen Sie kurz: „Eine Schallplatte ist der Vorläufer der CD." (Das genügt, und Sie fühlen sich besser, glauben Sie mir.)

Aus Selbstschutzgründen zu vermeiden sind auch Sätze, die mit „In meiner Jugend ..." beginnen. Sie signalisieren den anderen, dass Sie in der Gegenwart nur noch zu Gast sind. Warum sich unnötig quälen?

Andererseits: Wenn schon alt, dann zumindest glücklich werden wir Ausgedinge-KandidatInnen in Zukunft sein! Glücksforscher haben festgestellt, dass über 70-Jährige, soferne sie keine materiellen Sorgen haben, die glücklichsten Menschen der Welt sind. Ich finde, das ist die beste Nachricht des Tages und etwas, worauf ich mich freuen kann. Der Gedanke, dass mit 70 noch die Post abgeht, entschädigt doch für vieles. Und unseren Urenkelchen können wir dann sagen: „Seinerzeit, als die Menschen zur Musik von Madonna tanzten und ein dürres Ding namens Kate Moss die Modetrends vorgab …", und alle werden uns cool finden. Bestimmt.

Musik liegt in der Luft. Aber welche?

Leider sind die meisten Kinder heutzutage geschmacksverwirrt. Sie wollen Miso- statt Buchstabensuppe. Sie trinken eisgekühlten Green Tea aus der Dose statt herzerwärmenden Himbeersaft. Sie essen Sashimi statt Schnitzel. Sie hören Lady Gaga statt Madonna. Womit wir beim Punkt sind. Der Musikgeschmack von Frühpubertierenden (die Frühpubertät setzt heute so ab etwa acht ein) ist von perspektivloser Qualität. Unsereins hörte seinerzeit wenigstens noch Neil Diamond. Oder

41

Supertramp. Oder so. Das schweißt zusammen, über Weltanschauungen und soziale Grenzen hinweg. Wir härten gute Musik und wissen Lady Gaga deshalb einzustufen, wo sie hingehört.

Abba ist gaga. Die vergangenen Tage urlaubsbedingt mit drei entzückenden Geschmacksverirrten in vollster früher Pubertätsblüte verbracht. Schon zum Frühstück gab es Lady Gaga satt. Wollt ihr nicht Madonna hören? Die Rolling Stones? Simply Red? Nach Vorschlägen wie diesen wird man angeschaut wie ein Autobus. Abba traute ich mich nicht mehr zu erwähnen. Bevor die Peinlichkeits-Messlatte in den Himmel wächst, pflegt man als Mutter ja die Notbremse zu ziehen.

Poker-Face. Nach der Dauer-Behämmerung durch neuzeitliche Danceflooristen fuhr ich gestern ganz allein im Auto. Hatte die Wahl: Simply Red oder Bee Gees? Oder „Bravo-Superhits 2003". Doch etwas muss mit mir passiert sein. Die Person, die früher Simply Red eingeworfen hätte, grölte bei „Poker Face" so eindrucksvoll mit, dass der Typ neben ihr an der Kreuzung sichtlich sprachlos vor Entsetzen war. Wahrscheinlich haben ihr die Geschmacksverirrten den Willen gebrochen.

Topfschlagen oder Klettern?

Kindergeburtstagsfeste sind eine schöne Herausforderung.

Als ich Kind war, liefen Kinder-Geburtstage nach einem überschaubaren Schema ab: Wenn man alle dreißig Kinder seiner „Frohe Spatzen"-Kindergartengruppe einladen wollte, wurde man in brutalen Verhandlungen auf vier Kinder gedrückt und feierte dann zu fünft ein gemütliches Fest mit Topfschlagen. Und Ende.

Geburtstage dieser Art gingen bis Mitte der Achtziger gut, dann kamen die kollektiven Großfeste in Mode. Feste für Groß und Klein, bei denen man mit seinem Baby auf dem Schoß inmitten ungekämmter Kinder Bio-Apfelsaft und Rotwein schlürfte, während die größeren Kinder (darunter meistens eines, das Geburtstag hatte) mit Fingerfarben ein Gemeinschaftsbild malten, das dann das Geburtstagskind bekam (meistens freute es sich nicht besonders). Obligat war es bei diesen Festen, mit Menschen per Du zu sein, die man weder kannte noch mochte und sich zum Beispiel mit „Hallo, ich bin die Leon-Mutter" vorzustellen.

Dann kamen die eher steiferen Feste in Mode, die von Geburtstagsfest-OrganisatorInnen organisiert wurden, welche pädagogisch wertvolle Spielprogramme durchziehen wollten, während die kleinen Gäste sich im Kinderzimmer einsperrten, um Strip-Poker und dergleichen Lustiges zu spielen. Teuer und sinnlos.

Und jetzt? Jetzt sucht man als Elternteil nach dem außergewöhnlichen Geburtstagserlebnis, nach dem, das noch nie da war. Ein Höhlenforscherfest in einer Grotte? Oder ein Kletterfest, bei dem zwanzig Zehnjährige wie die Affen 15 Meter über der Erde an einer Kletterwand hängen? Geht gerade so.

Ein Menschenfreund muss es gewesen sein, der das Fünf-Kinder-Fest mit Topfschlagen erfand.

Und was tun Sie den ganzen Tag?

Wenn ich heimkomme, liegt an vier von fünf Tagen ein Schreiben auf dem Küchentisch. Nachricht an die Eltern, von der Schule, zum Beispiel: „Chor-Performance! Wir ersuchen die lieben Eltern, sich am Donnerstag zwischen 11.15 Uhr und 11.55 Uhr Zeit für unser Medley aus den besten Beatles-Songs zu nehmen. Kuchen mitbringen!" Oder: „Hip-Hop-Dance-Performance! Wir ersuchen die lieben Eltern, sich am Samstag ab 19.30 Uhr bis 22.00 Uhr im Schultheater einzufinden (bitte an das Pausen-Buffet denken)". Oder: „Elternfrühstück im Klassenraum 4H, Freitag 8.45 Uhr bis 9.30 Uhr, die Kinder haben im Anschluss eine Chor-Performance (Elvis!) vorbereitet. Um Ihr Erscheinen wird dringend ersucht." Oder: „Wie sehr gestalten Eltern die Schule – gestalten Eltern die Schule?' Der Elternverein bittet zur notwendigen Diskussion am Montag um 15.55 Uhr (Ende offen). Die Hip-Hop-Klasse hat im Anschluss eine Einlage geplant (Shakira!)."

Komisch, dass Schulbriefe an die „lieben Eltern" immer von den „lieben Müttern" wahrgenommen werden. Das kann man aber am Mittwoch, zwischen 13.20 Uhr und 14.10 Uhr ausdiskutieren („Kinder brauchen Väter – die Schulpsychologin bittet zum Gespräch über Rollenbilder"). Dort werden lauter Mütter sitzen, die es eilig haben, denn um 14.15 Uhr beginnt ein Groß-Event im Turnsaal: „Chor meets Hip-Hop – Musik aus drei Jahrzehnten." Das kann dauern.

Mein Leben, wenn es aus ist, wird aus essen, schlafen, werktätig sein, Elternbriefe befolgen und klatschen bei Schulveranstaltungen bestanden haben. Muss jetzt aber Schluss machen, denn in 25 Minuten beginnt „Eltern tanzen mit den Kindern Hip-Hop".
Freu mich schon.

Und wie heißt DAS bei Ihnen?

Ab welchem Alter soll man Kinder korrekt aufklären?

Gestern hatte ich ein interessantes Gespräch mit Edgars Mutter. Edgar ist der Dreijährige, der bis zu seinem fünften Lebensjahr keine bewegten Bilder sehen darf, und ein Freund meines Sohnes. Edgars Mutter hat strikte Ansichten vom Leben – eine ist, dass sie keine Zeitschriften liest, weil zu viel Information verbildet, eine andere, dass bewegte Bilder im Gehirn von Kleinkindern Prozesse in Gang setzen, die sich negativ auf das Großhirn auswirken.

Vielleicht bringe ich da jetzt in meiner gnadenlosen Verbildung aufgrund erhöhten Zeitschriftenkonsums auch was durcheinander, und es war von der Auswirkung bewegter Bilder im Kleingehirn von großen Kindern die Rede. Ich war, ehrlich gesagt, unkonzentriert, denn Edgar saß während der Gehirn-Diskussion vor mir auf dem Topf und machte Lulu.

Das wäre an sich nicht Besorgnis erregend, hätte er sich im Anschluss nicht mit den Worten: „Penis nass!" an seine Mutter gewandt. Einen Augenblick lang wusste ich nicht, ob mein Respekt für Edgars Mutter ins Grenzenlose wachsen sollte. Oder nicht. Jedenfalls erfuhr ich, dass Edgars Mutter es absurd findet, die Geschlechtsorgane von Kleinkindern nicht korrekt zu benennen. Werde meine Schmusespiele mit dem eigenen Hosen- scheißer, pardon, Stuhl- und Harnablasser, hinsichtlich meiner Wortwahl kritisch überdenken: „Das ist das süße Händchen mit den süßen kleinen Fingerlein. Das ist das Augi, das Nasi und das kleine Wuzi-Kinn. Das ist das dik- ke Eisbär-Bauchi. Darunter liegt das kleine Knie. Und was haben wir denn da dazwischen? Na, so was, einen Penis!"

Wie witzlos. Ich bleibe bei bewegten Bildern und beim Spatzi.

Warum es gar nicht wichtig ist, im Tennis-Team zu spielen

Natürlich sind Kinder auch da, damit ihre Eltern mit ihnen angeben können. Also: Meine Tochter (17) bewarb sich für das Tennis-Team ihrer Schule. Das Tennis-Team der Schule ist hoch angesehen und tritt gegen andere hoch angesehene Tennis-Teams anderer Schulen an. Es gilt als große Ehre, dem Tennis-Team der Schule anzuge- hören (und saugut spielen muss man auch können).

‚Glaubst du, werde ich es in die Mannschaft schaffen?",
fragte mich meine Tochter, nachdem sie sich beworben

hatte (den Kindern würde man, sagte der Sportlehrer, drei Tage später Bescheid geben). „Ganz egal!", rief ich munter. „Sicher ist es sogar besser, wenn sie dich nicht nehmen. Es ist sehr anstrengend, im Schulteam zu spielen. Du musst dauernd trainieren. Du musst ständig zu Turnieren reisen. Ich fände es besser, du schaffst es nicht." Meine Tochter sah mich an und glaubte mir kein Wort. Ich fragte ihren großen Bruder: „Glaubst du, wird es die Kleine ins Team schaffen?" „Sie ist vielleicht nicht kräftig genug, die nehmen nur die Besten", sagte er. „Ich glaube, es ist besser, sie schafft es nicht." Ich sah ihn an und glaubte ihm kein Wort. „Glaubst du, schafft es die Kleine ins Tennis-Team?" fragte mich meine große Tochter. „Besser nicht", sagte ich. „ICH wäre jedenfalls sehr froh, wenn sie es nicht schaffen sollte." „Du hast recht", sagte sie. Wir sahen uns an und glaubten uns kein Wort.

Schon zwei Tage ohne positive Rückmeldung des Sportlehrers. An sich war es mir ja egal, trotzdem überlegte ich, ihn anzurufen. In ein nettes Gespräch zu verwickeln und nebenbei zu fragen, ob er vielleicht schon wüsste … Das würde er natürlich sehr platt und blöd finden. Es soll Mütter geben, die zu derart platten Aktionen neigen. Ich sicher nicht.

Am dritten Tag rief mich das Kind im Büro an. Es sei ins Tennis-Team der Schule aufgenommen worden. „Gratuliere!", rief ich ins Telefon. Und dass wir was zu feiern hätten. Dann nahm ich ein Megafon zur Hand und brüllte hinein, sodass es in allen acht Stöcken des Bürohauses gut zu hören war: „Meine Tochter ist ins Tennis-Team der Schule aufgenommen worden! JIPIIIEH! Ihre sportliche Begabung hat sie übrigens von MIIIR!"

Das mit dem Megafon stimmt natürlich nicht. Ich bin ja nicht verrückt. Nur ein bisschen stolz.

Warum ich ein neues Mantra habe. Unter uns: Macht nix.

Ist jetzt schon ein paar Wochen her. Der Dreijährige fegt ein Glas vom Tisch, Glas zerbricht, die Mutter schimpft ein wenig. Kind schaut betreten und spricht bedächtig die denkwürdigen Worte: „Macht nix, macht nix, Frau."

Diese liebenswerte Redewendung gebrauchen üblicherweise Zugehfrauen aus dem östlichen Sprachraum. Ich beschäftige kein diesbezügliches Personal, der Kindergarten des Kindes, auf Nachfrage, auch nicht. Trotzdem ist dieser Satz seither mein ständiger Begleiter. Mutter sagt: „Ich kann deine Schuhe nicht finden", Kind sagt: „Macht nix, macht nix, Frau." Mutter sagt: „Du hast

49

deine Spielkiste schon wieder auf dem Klo ausgekippt", Kind sagt: „Macht nix, macht nix, Frau." Das Kind hat hellblonde Haare und blaue Augen. Es wächst in einem sprachfördernden Umfeld auf, besucht Tanz-, Mal- und „Englisch für Zwerge"-Kurse, kann 26 Bilderbücher auswendig. Und sagt „Macht nix, macht nix, Frau."

Kind, sagte ich unlängst, „ich habe dich geboren, ich investiere reichlich Liebe, Geduld und Geld in deine Zukunft, würdest du es also bitte unterlassen, mich mit ‚Frau' anzureden? Sag einfach wieder Mama zu mir!" Das Kind sah mich an und sagte: „Warum? Das macht doch nix, Frau."

Nachts liege ich wach und überlege: Es soll seltene Fälle geben, wo Menschen eine Fremdsprache können, ohne sie erlernt zu haben. Vielleicht kann er Serbisch, Bosnisch, Kroatisch oder Türkisch, ohne es zu wissen. Vielleicht ist er die Reinkarnation eines Polen. Ich werde ihn nehmen, wie er ist.

Gestern war ich auf der Bank, meine neue Bankomatkarte holen. Der Filialleiter entschuldigte sich, weil sie noch nicht eingelangt war. Ich sagte: „Macht nix, macht nix, Frau." Das ist jetzt übrigens mein neues Mantra, probieren Sie es ruhig einmal aus! Trägt wesentlich zur Entspannung bei. Ich überlege, diesbezüglich Stress-

Abbau-Kurse abzuhalten. Dutzende Gestresste könnten im Yoga-Sitz vor mir mit singender Stimme „Macht nix, macht nix, Frau" intonieren, während ich vorne auf einem Podest stehe, meinen Körper im Takt der Klangschalen wiege und „Macht nix, macht nix, Frau" 8.000 Mal wiederhole. Man kann aus jeder Situation im Leben das Beste machen. Und wenn nicht, dann macht nix, Frau.

Warum Kinder und Telefone nicht zueinander passen

Die unverträglichste Verbindung der Menschheitsgeschichte ist meiner Meinung nach die zwischen Telefon und Kind. Ist man selbst der Anrufer und gerät an ein telefonwütiges Kleinkind, spielt sich das Telefonat in der Regel so ab: „Grüß Gott, Meier, spricht dort Berger?" „Dadadada duuuu?" „Hier ist Meier. Ist dort Berger?" „Duuuuu?" „Meier hier. Ist deine Mami zu Hause?" „Duuuuu?" „Maier. Bitte gib mir deine Mutter ans Telefon!" „Ante, ante duuuuu?" „Tante? Nein, Meier hier, bitte!" „Ante, ante duuuuu?" (Der Tonfall des Kindes kippt ins Weinerliche, der Anrufer überlegt fieberhaft, was gemeint sein könnte, Ente vielleicht? Ja, vermutlich Ente!) „Ente meinst du? Ja, genau, hier spricht die große Ente, quaaak, quak, quak, ist deine Mama-Ente da, quaaak?"

51

Stille. Offenbar macht sich beim Kind Verstörung breit.
„Hallo, hier Meier!" Zack. Das Kind hat aufgelegt.

Ist das Kleinkind im eigenen Haushalt zugange und man
selbst der Angerufene, läuft es anders:
Es klingelt. Das Kleinkind stürzt wie vom Affen gebissen ans Telefon und reißt den Hörer an sich. Man selbst
stürzt wie vom Affen gebissen hinterher, versucht, dem
Kind den Hörer zu entwinden, der Anrufer vernimmt
minutenlanges „Gib endlich her!"-Gezische, unterbrochen
von schrillem Gekreische. Da man nicht will, dass der
Anrufer glaubt, man möchte gerade sein Kind meucheln,
überlässt man diesem den Hörer, in den das Kind nun
Wirres aus seinem Kindergartenleben monologisiert
(„UnddieSchpagettisabengutgesmegtundwerbistdu?").
Falls der Anrufer nach 15 quälend langen Minuten noch
dran ist, wird er nun irgendwas in der Art von „Verdammt
noch mal, jetzt gib mir endlich deine Mutter!" brüllen,
worauf das Kind, zack!, auf der Stelle auflegen wird.

Aber die Mutter ist ohnehin schon eingeschlafen, was
den Vorteil hat, dass das Kind jetzt unbeschadet an den
Hörer gelangt. Und, so wie bei uns letzte Woche, „Der-
OpasitztamKlounddubisteinPopo!" hineinbrüllt, um her-
nach in kirrendes Gelächter auszubrechen. Und auflegt.
Was ich damit sagen möchte, ist nur: Rufen Sie mich in
Zukunft einfach nicht mehr an. Es bringt ja doch nichts.

Warum meine Eltern schuld sind, dass ich peinlich bin

Gerne hätte ich Ihnen meine prägenden Kindheitserinnerungen erspart, das geht nur leider nicht, da Sie sonst nicht verstehen, warum ich peinlich bin. Ich darf Sie also kurz bitten:

Wir schreiben die späten Sechziger. Ein Mann und eine Frau wirbeln durch das Wohnzimmer, in dem ein Plattenspieler steht. Sie tanzen. Ein kleines Kind sieht ihnen zu. Das bin ich. Die Tanzenden sind meine Eltern. Sie tanzen, wie oft, zu einer Langspielplatte von Gus Backus. Ich, das Kind, bin fasziniert. Nicht von meinen Eltern, sondern davon, dass Gus Backus, immer wenn mein Vater seine Platte auf den Plattenteller legt, zu singen anfängt. Ich glaube, dass Gus Backus dann – quasi im wirklichen Leben – einen Impuls oder Schlag oder sonst was erhält und daraufhin singen muss. Oft habe ich Mitleid mit Gus Backus, etwa abends, wenn er sicher müde ist, aber schon wieder von meinen Eltern den Impuls erhält. Während meine Eltern tanzen, überlege ich, wann Gus Backus eigentlich isst oder badet oder mit dem Hund spazieren geht, wo er doch dauernd singen muss (ich bin ein ziemlich soziales Kind). Einmal schleiche ich mich nach Mitternacht ins Wohnzimmer und lege besagte Platte auf, nur um zu testen, ob Gus Backus auch nach Mitternacht noch singt. Ich bin beeindruckt. Und er klingt nicht einmal müde.

Jahrzehnte später. Wir schreiben einen Sonntag irgendwann im November. Irgendjemand hat mir eine CD geschenkt, auf der Gus Backus eine Interpretation von „Jingle Bells Rock" zum Besten gibt. Irgendwer hat die CD jetzt eingelegt. Halte soeben ein Nutellabrot, um das Kleinkind zu füttern. Da! Gus singt! Wirble mit meinem Brot durch die Küche, bei Naturvölkern nennt man das tanzendes Füttern (oder auch fütterndes Tanzen). Das Kleinkind jauchzt, klatscht und beißt dazwischen brav vom Brot ab. Ich, voll in Fahrt, steppe auf den Kühlschrank zu, um ihn im Zuge eines eingesprungenen Doppel-Axels elegant zu öffnen. Da perlen der weisen Zehnjährigen, die mich schweigend beobachtet, die Worte über die Lippen: „Mein Gott, Mama, bist du peinlich!" Dann nimmt sie ihren kleinen Bruder an der Hand und verlässt erschüttert den Saal. Übrig bleiben Gus, das Nutellabrot und ich. Und jetzt wissen Sie, warum ich nichts dafür kann, dass ich peinlich bin.

Wer bitte ist Gonzo Gonzales?

Die heutigen Dreijährigen sind erstaunlich. Meiner geht einen Vormittag pro Woche in den Kursus „Spaß durch Malen". Idee seiner Großmutter. Wie den Kleinkindern dort durch Malen Spaß vermittelt wird, wusste ich bis dato nicht genau, da ja die Großmutter für „Spaß durch Malen" zuständig ist.

Gestern Vormittag, 11 Uhr. Die Praktikantin von „Spaß durch Malen" ist am Telefon und sagt: „Gonzo Gonzales will von Ihnen abgeholt werden!" „Sie sind falsch bei mir", sage ich freundlich, „ein Gonzo Gonzales ist mir nicht bekannt." „Doch", sagt die Praktikantin, „es handelt sich um ihren Sohn." „Mein Sohn heißt weder Gonzo, noch heiße ich Gonzales", sage ich. „Fellner mein Name." „Ich weiß", sagt die Frau, „aber die Kinder malen bei uns unter anderer Identität. Das fördert die allgemeine Kreativität" Wie? Mein Sohn malt unter einer anderen Identität? „Kann ich Gonzo sprechen?", frage ich schwach. „Das ist jetzt ganz schlecht", sagt die Praktikantin, „die Kinder üben sich gerade im afrikanischen Ausdruckstanz."

Ausdruckstanz? Die Kinder des Malkurses tanzen unter falscher Identität? In welch irre Sekte hat die Großmutter mein Kind gesteckt? Gonzo, ich komme! Schleife mich mit quietschenden Reifen vor „Spaß durch Malen" ein.

„Wo ist mein Sohn?", rufe ich hysterisch an der Tür. „Gonzo ist ganz hinten", sagt jemand ruhig. Ganz hinten? Ah, da ist er. „Ich bin's, deine Mami", sage ich (vielleicht haben sie das Kind ja einer Gehirnwäsche unterzogen). „Wie heißt du und was machst du da? Warum muss ich dich holen?" Das Kind zeigt glücklich auf einen großen roten Fleck, den es gemalt hat: „Das bist du", sagt es. „Hat Gonzo gemalt!" „Wie schön", sage ich mit weichen Knien, „du bist ein lieber Gonzo."

Willkommen im Kriminal!

Ich könnte nach meiner Kuchenfälscher-Kolumne bereits die Fibel „Kuchenfälschen, leicht gemacht" herausgeben, sie hätte das Zeug zum Bestseller.

Symptomatisch dieses Mail einer Leserin: „Ich stehe zu Schulschlusszeiten täglich um 4.30 Uhr auf, um einem meiner Kinder einen Kuchen für ein Schulfest mit auf den Weg zu geben, nur damit, wie Sie schreiben „ein verdammter Karottenkuchen mehr auf dem Buffet steht." Bin ich eigentlich noch zurechnungsfähig?"

Das ist die Leserin gewiss, vor allem, weil sie rechtzeitig dem Kuchenfälscher-Netzwerk beigetreten ist (weitere

Anmeldungen werden gerne entgegengenommen, siehe unten stehende Mail-Adresse). Wir, die mittlerweile über 100 aktiven Kuchenfälscher-Panzerknacker, ich meine, Bandenmitglieder, sind der Meinung: 100 gefälschte Kuchen tragen mehr zum Weltfrieden bei als Mütter, die sich um 4 Uhr 30 aus dem Reich der Toten erheben, um Nüsse für die Schoko-Nuss-Muffins zu hacken.

Was wir netzwerkintern noch ausdiskutieren müssen, ist der Outing-Umgang mit dem kriminellen Backwerk: Umstritten ist, ob wir unser garstiges Tun von vorneherein selbstbewusst zugeben: „Seht mal alle her, meine neueste Kirsch-Napfkuchen-Fälschung!"; ob wir unvorbereitet Mütter schockieren, die gerade in unseren Apfel-Amaretto-Striezel beißen: „Übrigens, Frau Müller, Sie sitzen gerade einem fürchterlichen Irrtum auf!"; oder ob wir kaltblütig lügen: „Gekauft?! Sind Sie wahnsinnig? Ich werde Sie wegen übler Nachrede verklagen, Sie elende Banausin!"

Ich persönlich bin für abstreiten, selbst wenn drei Mütter auf Ihnen knien, Sie mit heißen Backnadeln foltern und zwischen den Zähnen hervorpressen: „Gib es endlich zu, du Natter!"

Die Omas aus dem Internet

Keine strickende Oma zur Hand? Buchen Sie sich eine.
Vor langer, langer Zeit, da gab es noch richtige Großmütter: Sie hatten graues Haar mit einem Silberstich, trugen
Schürzenkleider, in denen immer ein Taschentuch parat
war, und kochten Marmelade ein. Und pressten aus
frischen Strauchribiseln Säfte. Und schimpften mit den
Rotznasen von Enkelkindern, wenn die im Garten Regen-
würmer zerschnitten, um zu sehen, was passiert (die
einzelnen Teile leben weiter). Und buken Mohnstrudel.
Und strickten Skisocken. Und hatten trotzdem Zeit für
jeden, dem es gerade das Herz zuschnürte (weil ihm das
mit den Regenwürmern leid tat).

Schnitt. Heute gibt es die Lilo-Oma oder die Änschi-Oma
(englisch ausgesprochene Version von Angela) oder
überhaupt nur die Lilo und die Änschi, weil moderne
Omas nicht mehr Oma heißen wollen. Lilo und Änschi
sind entweder noch berufstätig und haben daher wenig
Zeit oder schon in Pension und haben daher keine Zeit.
Lilo und Änschi gehören einer neuen flotten Generation
an, und Schürzenkleider würden sie nur tragen, wenn sie
von Trendexperten ausdrücklich empfohlen werden. Das
lässt die Töchter von Lilo und Änschi oft sehr ratlos zurück. Abhilfe bringt das Internet. „Omas zum Anklicken"

bietet die Schweizer Adresse www.netgranny.ch. Hier können strickende Seniorinnen gebucht werden. Die Nachfrage ist groß, manche Strick-Oma ist schon auf Monate ausgebucht.

Ist natürlich nicht dasselbe, die Oma aus dem Internet und eine, die das mit den Regenwürmern eindrucksvoll erklären kann. Originell ist die Net-Oma zwar schon, mit unserer Oma mit den Silberhaaren ist sie aber nicht vergleichbar. Die lebt in unseren Köpfen weiter. Wenigstens dort ist sie unsterblich.

*Auch total
wichtig:*

Shopping
& Mode

*& Haare
und der
ganze Kram ...*

Meine Top 3 Shopping-Tipps:

1.) Stay lonely! Wenn Sie zielgerichtet
shoppen wollen, tun Sie's alleine.
SIE wissen immer noch am besten,
was Ihnen steht.

2.) Black & White gewinnt immer! Schwarz-
Weiß-Kombis sind auch unter dem Aspekt
„Simplify your life" sinnvoll.
Und wenn Sie drei paar schwarze High
Heels (mit unterschiedlicher Absatzhöhe)
und fünf gut geschnittene weiße Blusen
in der Garderobe haben, kann nichts mehr
schiefgehen.

3.) Mut zum Kleid! Business-Anzüge sind
super, aber gottlob sind Sie eine Frau,
die auch Kleider und Röcke tragen darf!
Vorzüge betonen (JA! SIE HABEN VIELE!)
geht im Kleid immer noch besser!

Achtung! Handtaschen—Gefahr!

Große Taschen sind ein gesundheitliches Risiko.

Frauen brauchen vernünftige Handtaschen, so viel steht fest. Unter einer vernünftigen Tasche verstehe ich eine, in die man ordentlich was reinbekommt. Abgesehen von den lebensnotwendigen Dingen wie schnell trocknendem Nagellack, dreierlei Sorten Lipgloss in kaum zu unterscheidenden Nuancen, zweierlei Schweizer Messer, diversen Kinderfilm-Kinokarten von vor vier Wochen und Fotoalben, die verschiedene Kinder in verschiedenen Daseins-Stationen zeigen, müssen in ordentliche Handtaschen auch A-4-formatige Sachen passen: Blöcke, Dokumente, das gute unspannende Buch, das schlechte spannende Zweitbuch, der ganze Kram halt, den man braucht, um im Ernstfall, wenn man mit nichts als seiner Tasche übrig bleibt, sagen zu können: „Ich habe alles Nötige dabei!"

Habe diesbezüglich etwas krause Gedankengänge, lange Zeit etwa hatte ich die „Wenn dieses Flugzeug entführt wird, habe ich trotzdem alles dabei"-Phase, die sich so äußerte, dass ich auf jedem Flug genügend Essens- und Trinkvorräte dabei hatte, um eine Schulklasse damit im Ernstfall drei Tage durchbringen zu können.

Derzeit sind große Taschen jedenfalls in Mode (vielleicht haben viele Frauen gerade ihre Flugzeugentführungs-Phase), was die „New York Times" zu einem Artikel unter dem Titel „Au, meine Tasche bringt mich um" veranlasste. Ein Arzt diagnostiziert darin Rücken-, Kopf- und Nackenschmerzen bei Großtaschen-Trägerinnen und stellt großen Taschen ein fatales gesundheitliches Zeugnis aus. Unter diesem Aspekt habe ich meine Tasche noch nie betrachtet, also entrümple ich jetzt, schonungs-los. Die Kinokarten von vor vier Wochen müssen erst mal weg.

Alle Menschen können fliegen

Im TV wurde ein Modebeitrag gezeigt, in dem Models in ballonartigen Gebilden über den Laufsteg schwebten. Die Damen in den Ballonkleidern wirkten, als ob jede von ihnen 650 Kilo hätte, und der berühmte Designer, der die Ballons entworfen hatte, sagte am Ende des Beitrags: „Die ganze Welt ist ein Ballon, und alle Menschen können fliegen."

Abgesehen davon, dass sich um den Schneidermeister rechtzeitig ein Psychologe kümmern sollte, sind 650 Kilo für mich eine prägende Größe, weil ich unlängst in einen Lift stieg, in dem stand: Nicht über 650 Kilo belasten.

Als ich einstieg, befanden sich acht Personen im Lift, hinter mir drängte sich noch ein korpulenter Herr hinein. Daraufhin ging die Lifttüre zu. Und der Lift bewegte sich nicht. „Steigen Sie aus", sagte jemand zu dem Korpulenten, „Sie blockieren den Lift!" „Sicher nicht", sagte der, „steigen Sie doch selber aus", worauf eine gereizte Diskussion entstand, wer aussteigen sollte. Was unmöglich war, da die Lifttüre nicht aufging. Plötzlich sackte der Lift nach unten. „Mein Gott!", rief einer, „wir stürzen ab!" „Jetzt geben Sie doch Ruhe!", rief ein anderer, und ein Dritter rief: „Das liegt an dem da!" und zeigte auf den Korpulenten (ich war's nicht!). Der Lift ruckelte nach unten, kam irgendwann auch an. Die Insassen blieben unversehrt, bei mir blieb nichts außer einem kleinen Lifttrauma hängen, das mich künftig beim Stufensteigen fit halten wird. Denke mir im Nachhinein, ich hätte zur Diskussion im Lift die Worte des berühmten Designers beitragen können. Wären gut angekommen.

Damen mit Handtaschl-Sorgen

Wie wäre es eigentlich, den ganzen Tag nur Handtaschl-Sorgen zu haben? Den Ausdruck hat übrigens meine Großmutter geprägt, als Spitze gegen „feine Damen", deren Hauptsorge den Ton ihres Nagellacks betrifft. Handtaschl-Sorgen eben. „Deine Handtaschl-Sorgen

65

möchte ich haben", sagte Oma oft zu mir, wenn ich in blühender Pubertätslaune den Umfang meiner Schenkel bequengelte, der nicht exakt zum Schnitt der Lieblings-Jeans passte.

Letzte Woche führte mich eine Uhrreparatur in einen sehr, sehr feinen Laden in der Wiener Innenstadt. Man führt dort, neben leistbaren Accessoires, vor allem feine Kleider zu überwältigend feinen Preisen. Man darf dafür auf dicken Teppichen flanieren, von einem feinen Teil zum anderen, und sich darüber wundern, dass es offenbar nicht wenige gibt, die sich nicht zu fein sind, für ein nacktes Blüschen 2000 Euro abzulegen. Dafür ist auch ein Markenname eingenäht, so unfein will ich nicht sein, den jetzt preiszugeben.

Während ich feine dreißig Minuten auf die Montage meines Uhrbandes wartete, musste ich in die atemberaubend feine Stille hinein niesen. Huch! Eine Dame vor mir zuckte unfein zusammen, ein Glück, dass sie nicht in Ohnmacht fiel, man hält für solche Fälle aber sicher Riechsalz parat. „Schau, Egon", sagte die Geschockte, nachdem sie sich erholt hatte, zu ihrem Begleiter, „soll ich die blaue oder doch die weiße Tasche nehmen?" „Nimm die Blaue, Putzi", sagte er. „Ach", seufzte Putzi, „ich hab schon soo viele blaue Taschen, aber wenn sie dir gefällt ..." Egon nickte tapfer. Sicher hat ihm die Tasche eh ganz toll gefallen und bestimmt wäre das, was er sich beim Zahlen dann gedacht hat, zum Zitieren viel zu unfein.

Die Pagenkopf-Erfinderin ...

... ist mir in bester Erinnerung. Und sie trägt ihn immer noch!

Liebe Trendsetterinnen! Ihr wisst natürlich längst, dass der Pagenkopf, jetzt „Bob" genannt, DIE Frisur des Jahrhunderts ist.

Aber! Auch wenn ich mich jetzt der Gefahr aussetze, zum uncoolsten Menschen des Erdenrunds gewählt zu werden: Erfunden hat die Frisur, die alle tragen eine Person, die ihr vielleicht gar nicht mehr kennt.

Prinz Eisenherz war es nicht. In der Generation der zwischen 1960 und 1970 geborenen war die Person eine Ikone. Ein Mode-Vorbild, vor allem wegen der Frisur. Pagenkopf, reinste Form. Millionen Mädchen fragten sich beim Anblick der Person – sie sang übrigens auch nicht schlecht –, mit welchen Tricks sie die exakte Innenrolle ihres Pagenkopfes hinbekam. Und wie viele Rundbürsten sie beim Föhnen brauchte (meinesgleichen und ich, die

alle Platten der Person und auch deren Frisur hatten,
mutmaßten: fünf).

Es handelte sich also um Mireille Mathieu. Den „Spatz
von Avignon" („Hintär dän Kulissen von Pariiis, ischt das
Läbän noch einmal so süüüß"). Wir bedauerten damals
täglich, keine Französinnen zu sein und nicht so charmant wie Mireille „singän" zu können. Wir bedauerten,
Irene, Karin oder Ursula heißen zu müssen und beneide-
ten Mireille um eine Mutter, die sie mit diesem gottvollen
Namen geadelt hatte. Und wenn wir nicht aßen, schlie-
fen, lernten oder Nase bohrten, standen wir vor dem
Spiegel, um die Föhnwelle à la Mireille hinzukriegen.

Was nie klappte. Würde ich sie heute treffen, würde ich
sie immer noch am liebsten nach der Anzahl ihrer Rundbürsten fragen. Dann kann ich beruhigt aufgeben.

Die Sache mit den Sommertrends

Zehn Trends gleichzeitig getragen sind um neun zu viel.

Die Frau, die ein paar Tische weiter im Lokal sitzt, könnte
mit ihrem Look Geschäfte machen. Nicht als Model, das
nicht. Sie bräuchte nur ein Schild vor sich platzieren
mit der Aufschrift: „Hier sehen Sie alle Modetrends des

Sommers auf einen Blick." Gegen einen Euro könnte sie Interessierten dann Folgendes erklären:

Blau lackierte Nägel sind kein Zeichen einer spätpubertären Sinnkrise sondern Trend. Schwarze, dicke Lidstrich-Augenbalken trug auch Amy Winehouse, und somit sind sie Retro, also Trend.

Sanfte Hippie-Locken führt uns Madonna als DIE Trendfrisur des Jahres vor, also kann es nicht ganz falsch sein, die Haare lockig fließen zu lassen.

Deutlich sichtbare Extensions (künstliche Haarverlängerungen) sind Trend, seit Kate Moss ihre auf offener Straße verlor und die Paparazzi-Fotos des bedauernswerten Bodyguards, der die Haare aus dem Rinnstein klauben musste, um die Welt gingen.

Die Farben Dottergelb und Lila sind Trend, weil es alle Modemagazine schreiben (über die Kombi der beiden Farben ist trendmäßig nichts bekannt, kann aber noch werden).

Rote Sonnenbrillen sind Trend, weil sie Paris Hilton trägt. Plateausohlen sind Trend, weil das alle sagen. Miniröcke sind Trend, weil das auch alle sagen. Dann müsste die Frau zum Abschluss noch erklären, dass bauchfreie Tops

nicht mehr im Trend sind, vor allem wenn man offensichtlich die Lebensmitte überschritten hat, und dass all
die Trends, die sie am Leib trägt, zu einer trendmäßigen
Krise führen können, wenn man über zwölf ist.

Aber natürlich sagt die Frau nichts dergleichen und ist
einfach froh im Glauben, voll im Trend zu sein.

Ein Warenkorb voll Glück

Wie banale Kleinigkeiten die Stimmung heben können.

Nur banale Kleenex-Tücher wollte ich schnell kaufen,
und das eine oder andere Hygieneprodukt. Kassaschluss
in zehn Minuten, also Augen zu und durch. Vorbei an
der Theke mit den vielen bunten Stiften und dem neuen
Make-up für den makellosen Teint.

Noch acht Minuten. So viel Zeit muss sein. „Honey-Beige"
sticht ins Auge, obwohl „Sunset-Beige" auch nicht un-
charmant klingt. Mildert Fältchen durch einen speziellen
Lichtfilter-Effekt. Aha, Lichtfilter-Effekt. Was es alles
gibt. Falls auf der Tube stehen würde, dass man nach
Gebrauch um 120 Jahre jünger aussieht, würde man es
auch glauben. Also her mit dem Lichtfilter, bevor wir uns
schlagen lassen.

Noch vier Minuten. Was ist das? „Aqua Teint", ein Make-Up, das sich leicht wie Tau auf die Visage legt. Klingt nicht schlecht. Die Brüder der Kosmetikindustrie wissen genau, wie sie uns drankriegen. Bezeichnungen wie „Aqua", „Honey", „Sunset" machen, rein kosmetisch gesehen, praktisch willenlos beziehungsweise hat man nur noch einen festen Willen: hier nicht eher rauszugehen, bis man schöner als der junge Tag ist.

Kassaschluss. Der Lipgloss mit dem Glanzeffekt perlt noch in den Warenkorb. Und was haben wir denn da? Es handelt sich um Puderstaub mit einem zarten Goldton. Zack, geht sich noch aus. Die Rechnung ist dann ziemlich hoch. Für Kleenex, meine ich.

Frauensolidarität, privat

Sind Frauenfreundschaften immer ehrlich? Naja.

Eigentlich mag ich Frauen lieber als Männer, vielleicht auch, weil sie aus NOCH komplizierteren Mustern gestrickt sind. Unlängst durfte ich in einer Boutique beobachten, wie Frauen, die sich augenscheinlich mögen, miteinander umgehen, wenn es hart auf hart geht.

Zum Beispiel um dieselbe Hose, eine, die nur noch in einer Größe verfügbar ist, zufällig ist es die einzige Größe, die den beiden Freundinnen passt. Habe bitte nicht gelauscht, würde ich nie tun, ich war nur in der Nachbarkabine – mit einer anderen Hose und nur durch einen Vorhang von den Kontrahentinnen, ich meine Freundinnen, getrennt.

Freundin A. zu Freundin B.: „Probier du doch zuerst, diejenige, der sie besser passt, die nimmt sie." Freundin B. schlüpft in die Hose. Ihr Hintern kommt darin überdimensional unvorteilhaft zur Geltung. Das sieht ein Blinder und sogar mein Hund (der den Hintern anbellt). Nur Freundin A. sieht es nicht: „Die steht dir AUSGEZEICHNET", flötet Freundin A. „Findest du nicht, dass sie dick macht?", fragt Freundin B. verunsichert, da auch sie Augen im Kopf hat. „Überhaupt nicht", sagt A., „im Gegenteil, die macht eine richtig tolle Figur. Nimm sie. Du MUSST sie nehmen!" B. zahlt unsicher 360 Euro für eine Hose, die ihren Arsch in den eines Postrosses dimensioniert, A. wirkt heiter und gelöst. Heiterer und gelöster als noch vor zwanzig Minuten, scheint mir.

Ich sage es ungern, aber der Schluss liegt nahe, dass, wenn Sie eine neue Freundin suchen, nur zunehmen/ Fehlkäufe tätigen/unglücklich zu sein brauchen. Die Chancen stehen gut, dann schnell eine heiter-gelöste, gut gelaunte Freundin zur Seite zu haben.

Habe hundert Prozent gespart!

2007 beginnt schon einmal rein rechnerisch gut...

Zum Jahresausklang noch schnell in einer dieser Höhlen der Löwen gewesen, die das Sale-Schild am Schaufenster tragen. Wien soll, so melden die Händler an schnäppchenfiebrige Kunden, derzeit die Hochburg der Rabatte sein. Was das Ellbogengerammel betrifft, steht Tirol der Bundeshauptstadt aber in nichts nach, kann ich versichern. In meiner „What to do before you die"-Liste werde ich heute den Punkt abhaken, Tiroler Life beim Ausverkauf erlebt zu haben, und ich kann dazu sagen: Zimperlich sind die nicht.

Am Schauplatz: Der Rock vorne in der ersten Reihe wird von drei Kandidatinnen gleichzeitig angepeilt, wobei jetzt aus dem Hinterhalt die Vierte vorprescht, die Beute blitzschnell schnappt, „Den nehm ich!" schreit und damit zur Kassa rennt. Weiter hinten quält sich wer in Stiefelgröße 35. Ein interessantes Schauspiel: Der Kopf der Dame ist vor Anstrengung blunzenrot (wie Tiroler dazu unfein sagen), allerdings: Es hat sich ausgezahlt. Die Rote steckt fest in den Stiefeln, wankt damit zur Kassa, weil sie nie im Leben eine Chance hat, aus denen wieder zu entkommen – wobei, Aufschweißen wäre eine Möglichkeit –, und zahlt triumphierend minus vierzig Prozent.

Vielleicht sind die Kunden hier ja nur geheuert, Schein-Menschen sozusagen, die in speziellen Sale-Lehrgängen gedrillt werden, lauthals „Das ist der schönste Rock meines Lebens" und Ähnliches zu brüllen. Fürchte aber, sie sind echt und im geistigen Ausnahmezustand. So wie ich. Verlasse den Laden mit 3 Teilen, zweimal minus 30, einmal minus 40 Prozent, ergibt zusammen 100 Prozent. Leute, ich habe 100 Prozent gespart, ein Geniestreich, her mit dem Schampus, stoßen wir an auf das neue Jahr und darauf, dass wir niemals klüger werden!

Liebe Männer! Heute besprechen wir mal das Thema Schuhe!

Es gibt natürlich eine Million Dinge im Leben jeder Frau, die wichtiger sind als Schuhe. Fast alles, eigentlich. Familie, Gesundheit, Job, Freunde und Alltäglichkeiten wie speibende Hunde, raunzige Kinder und die aktuelle Autopanne sowieso. Und Männer! Männer, ihr seid uns Frauen voll wichtig! Viel voll wichtiger als Schuhe. Und weil es eben Wichtigeres als Schuhe gibt, hier nett gemeinte Anregungen an Sie, verehrte wichtige Männer, den Schuh in jeder Frau zu lieben.

Erstens: Bitte kommentieren Sie unsere Schuheinkäufe nicht weiter, und wenn, dann ausschließlich positiv („Toll, deine neuen Schuhe!"). Zweitens: Bitte sitzen Sie nicht dem Irrtum auf, dass seltsame Bemerkungen („DAS sollen Schuhe sein?") Ihre Partnerin vom nächsten spontanen Schuhkauf abhalten. Drittens: Bitte finden Sie sich damit ab, dass die Frau Ihrer Träume auch noch ein achtes Paar „schwarz mit Fersenriemchen" verträgt. Schwarz ist nicht gleich schwarz, müssen Sie wissen und der Laie disqualifiziert sich mit dem Ausruf: „Du hast doch schon so viele schwarze Schuhe!" Viertens: Bitte akzeptieren Sie, dass das Thema Schuhe ein untherapierbares Frauenleiden ist, über das Frauen am liebsten mit Frauen oder dem Arzt ihres Vertrauens reden. Aber sicher nicht mit Ihnen.

Fünftens: Strapazieren Sie niemals die Ihrer Persönlichkeit unwürdige Frage: „Kannst du keine NORMALEN Schuhe anziehen?" (Nein. Sonst täten wir es ja.)

Sechstens: Sie sind doch ein Netter! Deshalb, und weil Sie sich jetzt Punkt 1 bis 5 zu Herzen nehmen, mögen wir ja Sie und Ihresgleichen so. Und Schuhe natürlich, aber das ist eine andere Art von Beziehung, eine ziemlich unvergleichliche …

Mein liebstes Kleidungsstück

Kürzlich fragte mich jemand nach meinem allerliebsten Kleidungsstück, und ich sagte: meine Jeans. Unter uns: Das war gelogen. Mein allerliebstes Kleidungsstück, jenes, auf das ich mich jeden Tag aufs Neue freue, das Teil, in dem ich mich so richtig daheim fühle und in dem ich auch den ganzen Tag verbringen könnte, wenn man mich nur lassen würde, dieses Kleidungsstück ist mein Pyjama.

Nicht sehr spannend, ich weiß. Völlig ungeeignet für Modeumfragen aller Art. Außer mir fällt mir auch niemand ein, der – diesbezüglich gefragt – seinen Pyjama angeben würde. Ich weiß von Menschen, die würden ihre neue Prada-Tasche als Lieblingsstück nennen (vielleicht kuscheln sie damit auch nachts, was weiß man?), oder ihre Gucci-Bluse oder olivgrüne Socken.

Im Internet las ich nämlich, dass eine Frau aus dem Schwäbischen sich scheiden ließ, weil ihr Mann jeden Morgen nach dem Aufwachen sagte: „Sodele, jetzt ziehe mir mal wieder die olive Sockele an."

Seit 25 Jahren ginge das schon so, sagte die Frau, und jetzt sei Schluss. Ich kann sie gut verstehen und dachte mir: Schön, dass ich nicht alleine bin. Ich habe nämlich auch eine kleine Gewohnheit (über die ich normalerweise nicht gern spreche). Aber gut, wo wir beim Thema sind: Ich kann mir meinen Pyjama nicht anziehen, ohne vorher „So, das war's" gesagt zu haben. Seltsam, nicht? Eine Art zwanghaftes Verhalten, ohne „So, das war's" kommt mir kein Pyjama an die Haut. Meistens registriere ich es gar nicht, ehrlich gesagt, habe ich es erst wieder gemerkt, als ich die Sache mit den oliven Sockele im Internet las.

Da hatte ich nämlich schon meinen Pyjama an und freute mich, dass mein Mann bis jetzt noch nichts von Scheidung erwähnt hat.

Meine beste Freundin ist blau

Heute früh war wieder so eine Situation, um spontan die beste Freundin zu frequentieren. Sie wissen schon, die, die immer Zeit hat, wenn gar nichts mehr geht. Die uns auffängt, wenn alle anderen besten Freundinnen blöd zicken, die sich schnell und verlässlich über unsere Hüften legt, ohne Worte, denn die können wir bei Gott nicht brauchen, an diesen Tagen, wo wir unser Spiegelbild fragen : „Findest du mich eigentlich zu dick?" Und das Spiegelbild höhnt zurück: „Stell dich nicht so blöd!"

Meine beste Freundin ist souveräner als ich. Gerade geschnitten, von mittelblauer, sanft verwaschener Farbe, mit streckender Naht entlang der Beine, perfekt platzierten Gesäßtaschen (keine dieser tief sitzenden Undinger, die die Hinterbacken optisch bis zu den Kniekehlen verlängern) und sie ist auch sonst verehrungswürdig nett. Nachdem das Spiegelbild nichts als blöde Bemerkungen parat hatte (wählte ursprünglich eine weiße Hose, um ein wenig Frühlingsstimmung in die Bude zu bringen. Leider ging der Bundknopf nicht zu), griff ich zuerst zu einem Rock. Riss ihn wieder runter (zu übertrieben für heute). Dann ein Kleid (zu unbequem für heute). Dann einen anderen Rock (zu alles für heute), dann ein anderes Kleid (zu alles und zu nichts für heute) und dann trat, wie immer, wenn die Stimmung gegen null gefriert, SIE auf den Plan.

Die Lieblings-Blaue. Retterin an Tagen, an denen man besser nicht aus dem Pyjama steigt. Ich streichelte sie ein bisschen, und dann zog ich sie an.

Nur her mit den kleinen Tiegeln!

Manchmal glaubt man noch an Wunder. Wie ein Kind ...

Je älter ich werde, desto mehr neige ich zur Gutgläubigkeit in kosmetischen Belangen. Es geht um all diese Tinkturen, mittels derer wir versuchen den Verfall zu überlisten. Das Alter abzuschaffen, abzuschwächen, auf intelligentem Weg zu killen, ohne sich gleich Botox in die Stirn jagen zu lassen (würde ich übrigens niemandem empfehlen, da neue Studien tatsächlich die Schädlichkeit des Nervengifts auf den Organismus nachweisen).

Jedenfalls, das Zauberwort, das meine Generation der noch nicht gänzlich dem Verfall Anheimgefallenen entzückt, heißt ANTI-FALTEN.
Wie gut es tut, dieses Wort zu lesen, in goldgeprägter Schrift auf einem Tiegelchen, das so viel kostet, dass man im Grunde in die Zwangsjacke gesteckt gehört, wenn man's erwirbt. Doch man wird, erfahrungsgemäß so ab Mitte dreißig, kindisch. Und beginnt zu glauben, was man Mitte zwanzig noch als sagenhaften Blödsinn abgetan hat. Man glaubt zum Beispiel, dass die Schmier, wenn sie schon ein Haus gekostet hat, auch tatsächlich Wunder wirken kann (steht nämlich drauf).

Früher, da trampte man mit nichts als ein paar Freunden und einer Wimperntusche im Gepäck durch Griechenland. Muss hundert Jahre her sein. Jetzt geniert man sich ein bisschen, wenn man drei Kosmetiktaschen für das Wochenende packt, weil eine einzige den Inhalt nicht mehr fassen kann. Wenn auf den Tiegeln draufstehen würde: „Teures Zeug, das eh nichts bringt und Sie auch dann um keinen Millimeter jünger macht, wenn Sie sich sieben Kilo davon draufpappen", würden wir sie nicht erwerben. Da aber „Anti-Falten" draufsteht, kaufen wir sie lieber. Sicherheitshalber. So sind wir.

Warum Einkaufen sein muss, und man kann nichts dafür

Etwas Buntes könnte ich vertragen, etwas Frisches, Luftiges. Nicht, dass man nichts zum Anziehen hätte, aber manchmal drängt das Innere auf Sinnlosigkeiten, damit das Gefühl entsteht, etwas Wichtiges erledigt zu haben. Und das andere Wichtige verschieben zu können.

Wenn ich mich jetzt in diesem Laden dem vielen Rosa und Gelb und Türkis ergebe, oder von mir aus der gewagten Kombi aus Grasgrün & Flieder, dann ... würde mein Bauch bei erfolgreichem Geschäftsabschluss (Grasgrün & Flieder gegen Bares; Bares gegen minus fünf Prozent) dem Hirn signalisieren: Satt! Im Moment keine weiteren Erledigungs-Prioritäten.

In Wahrheit ist es leider so: Das Hirn signalisiert dem Bauch oder der Bauch dem Hirn oder vielleicht auch das rechte Trommelfell dem linken Knöchel: Erledige die Erledigungsliste, die du seit Wochen erledigt haben

80

solltest. Obwohl Weihnachten, soweit ich weiß, noch nicht akut ist, fühlt es sich an wie vor Weihnachten. Nicht erledigte Erledigungen wachsen zur Bedrohung an. Verschobene Termine, verschobene Telefonate; eine bestimmte winzige Glühbirne einer Lampe, die nicht ersetzbar ist, weil keiner die Wattzahl kennt und der Elektroladen-Mann sagt, ich solle doch die alte Glühbirne mitbringen, denn wenn ich eine neue mit zu viel Watt in die Lampe gäbe, würde der Trafo eingehen, was sich negativ auf die Stromzufuhr des ganzen Hauses, wenn nicht des Bezirks auswirken könnte.

Die alte Glühbirne ist weg. Soll ich den Bezirk ins Unglück stürzen? Eine neue Lampe kaufen? Mein Entscheidungsfluss ist durch eine Glühbirne blockiert. Der Eisschrank brummt auch so komisch. Laut, zu laut.

Das Hirn ist verstopft mit unerledigten Erledigungen, der Alltag ist ein schottisches Hochmoor, aus dem, so wie in schlechten Horrorfilmen, grauenhafte Fratzen poppen (Der Elektriker? Der Bezirksvorsteher?) und „Ich als Nächster! Ich als Nächster!" krächzen. Bald werden mich die Monster in den schmatzenden Sumpf hinabziehen, unter kehligem Gebrüll, weil noch immer nichts erledigt ist, und dann ... keine Ahnung.

Ich kaufe jetzt mal Grasgrün & Flieder, damit zumindest das erledigt ist für heute.

Warum Herr Gérard Ähnlichkeit mit einer Rindsroulade hat

Zwischendurch fiel ich in dieses Kaufhaus ein, wo im Erdgeschoss die Make-up-Stände verführen. Nur kurz was besorgen. „Dürfen wir Sie auf eine Make-up-Beratung einladen?", fragte mich eine sehr gepflegte Dame und deutete auf einen jungen Mann mit einem Puderpinsel in der Hand. „Herr Gérard ist heute früh erst eingeflogen, es wird ihm eine Ehre sein, Sie schminken zu dürfen."
Herr Gérard, den die Dame Scheraa aussprach, lächelte freundlich. „Tut mir leid", sagte ich, „leider keine Zeit."
Herr Gérard schaute bekümmert und sagte mit einem Akzent, der darauf schließen ließ, dass er nicht aus Paris eingeflogen war: „Geht gonz schnella, probiera se bitte!"

Oft siegt ja im Leben die Unvernunft. Wie neulich, als ich um zwanzig Minuten nach Mitternacht beschloss, eine Rindsroulade mit ordentlicher Nudel-Begleitung zu essen. Während ich die Rindsroulade aß, oder eigentlich fraß, fiel mir kein einziger vernünftiger Grund dafür ein, zwanzig Minuten nach Mitternacht eine Rindsroulade zu fressen.

Ich nahm also auf einem Hochstuhl Platz. Herr Gérard begann sein Werk, mixte Foundations, tupfte an meinen

Schläfen herum, wischte alles wieder weg, tupfte neu, rief: „Jetzt hommas!" (Herr Gérard hatte den optimalen Farbton gefunden) und sagte, während er mich bepinselte und schattierte, alle zwei Minuten mit prüfend zurückgelegtem Kopf: „Sehr scheen!"

Draußen war es schon dunkel, im Kaufhaus war kein Mensch mehr außer mir und Herrn Gérard, der meine Lider in mattes Flieder tauchte. Möglich, dass ich für Komplimente leicht empfänglich bin, aber wer sagt einem sonst schon in zweiminütigen Abständen, dass man ein Inbegriff der Anmut ist? „Sehr scheen!", sagte Herr Gérard und setzte mir winzige Goldpuder-Punkte in die Augenwinkel, „Wirklich sehr scheen!"

Inzwischen war es Nacht geworden. Ich hatte mein Handy auf lautlos gestellt, was hätte ich auch sagen sollen? Im Geiste sah ich meine Kinder daheim bitterlich in ihre leeren Schüsseln weinen: „Mutter, wo bist du abgeblieben?"

Hunger. Durst. Herr Gérard hatte sich meinen Augenbrauen zugewandt, das würde dauern. Herr Gérard, dachte ich, ist wie eine Rindsroulade, die man zwanzig Minuten nach Mitternacht frisst.

Sehr scheen halt.

Warum ich bekleidungstechnisch ein Ball-Risiko bin

Erinnern Sie sich noch an die Kultserie „Dallas"? Sue El-
len, J.R.s im Alkohol verlorene Gattin, trat beim „Ball der
Ölbarone" gerne in Kleidern mit sogenannten Schinken-
Ärmeln auf. Es handelte sich dabei um obenrum gewaltig
aufgeplusterte und zum Handgelenk hin eng zulaufende
Gebilde, die der Schulterpartie Dramatik verliehen.

Was für den „Ball der Ölbarone" passte, war gut genug
für mich. Mein erstes Ballkleid, Anfang der Achtziger
gekauft, hatte Schinken-Ärmel. Unlängst fiel mir ein
Foto von damals in die Hände. Man könnte es „Mein
Bodyguard und ich" betiteln. Ich trug nämlich das Kleid
gar nicht, das Kleid trug mich. Mein damaliger Begleiter,
säuerlicher Gesichtsausdruck, steht auf dem Foto zirka
einen Meter neben mir, die Stoffballone hatten ihm zuvor
die Brille vom Gesicht gefegt. Es wurde dann auch nichts
mehr aus uns, das Kleid stand drohend dazwischen.
Wofür ich ihm (dem Kleid) nicht undankbar war.

Jahre später, Schauplatz Opernball. Jetzt waren Korsa-
gen-Oberteile modern. Ganz enge. Ich trug ein Kleid aus
Metallplättchen mit Korsagen-Oberteil. Ich atmete flach

und dachte mir, das geht schon irgendwie. Es ging auch, bis zum ersten Walzer.

Mein Tänzer, Marke schwungvoll, wirbelte mich durch den Saal. Da wurde mir schlecht, mein Gott wurde mir schlecht. Die Musik war zu laut. Mein Tänzer war zu eifrig, um etwas zu bemerken. Er hatte mich fest im Griff. Bemerkte die lebende Leiche zu spät, die ohnmächtig in seinem Arm hing.

Adieu, Welt! Als ich zu mir kam, lag ich auf dem Parkett, über mir eine freundliche Notärztin, neben mir eine aufgeregte Menge. Einer fragte: „Ist sie tot?" Man hatte mir das Oberteil aufgeschnitten, der Metallplättchen-Verschluss hatte geklemmt.

„Der Tod kroch still durch die Korsage" wäre ein trauriger Nachruf gewesen. Wir fuhren dann bald heim, und mein Begleiter (nicht ident mit dem Tänzer) merkte an, dass es nett wäre, wenn ich EINMAL im Leben etwas anziehen würde, das keine Probleme verursacht. Etwas NORMALES eben. Das ist ein frommer Wunsch. Oder haben Sie davon gehört, dass der neue Modetrend NORMAL heißt?

Warum meine Geheimlade ab jetzt streng geheim bleibt

Thema hier ist meine Geheimlade. Natürlich nicht die mit den Süßigkeiten, das wäre zu billig. Es handelt sich um jene Lade, in die über Jahre hinweg all das wandert, was nicht mehr richtig passt, nie gepasst hat und mit hoher Wahrscheinlichkeit nie passen wird. Und zu schade zum Weggeben ist. Die Lade birgt manch kesses Teil, pfuh, ich sage Ihnen, oft ist mir die Frau, der das, was in der Lade ist, gehört, völlig unbekannt.

Vor ein paar Tagen stand ich vor meiner Lade, fingerte darin herum und dachte: Angesichts einer Reise in die Sonne könnte ich doch wieder probieren, ob das eine oder andere Teil jetzt durchginge. Figurmäßig und so (diese Anfälle bekomme ich jedes Jahr im Februar. Der Februar ist, unter uns, ein völlig überschätzter Monat).

Ganz oben in der Lade lag, was schon seit fünf Jahren dort liegt: Mein Lieblings-„Wer zieht so was eigentlich an?"-Teil. Ich bekam es von einer Freundin geschenkt, die es ihrerseits von einer Freundin hat, die es von jemandem hat, der Frauen offenbar in zwei Kategorien einteilt: in diejenigen, die ihre knackig braungebrannte Figur zusammen mit einem grünen Drink mit Schirmchen acht

86

Stunden täglich, und das über ein Leben hinweg, auf einer weiß bespannten Liege in Palm Beach platzieren. Und in die anderen. Das Teil passt weniger zu einer, die unter Umständen auch gern mal Bettsocken zu ihrem Pyjama kombiniert, alles klar?

Es ist weiß, hat einen Ausschnitt bis zur zweiten Brust-Rippe, und dort, wo der Nabel sitzt, eine Lücke. Jedenfalls kombiniert man es am besten mit einem grünen Drink und einem Typen wie dem jungen Lover von Ivana Trump. Beides war so schnell nicht zur Hand, als ich das Teil, so zum Spaß, wieder anlegte. Wollte nur schauen, ob mein Nabel, so wie auch im letzten Februar, lustig durch die Lücke quillt.

Hätte ja sein können, dass nicht. Abrupt wie immer trat das Kind in meine Kemenate, stieß einen spitzen Schrei aus und höhnte: „Mein Gott, bist du peinlich!"

Da ich mir so etwas nicht zweimal sagen lasse, legte ich das Teil sanft in die Lade zurück und zog meine Bett-socken an. Mit der Demut einer Frau, die Palm Beach nur vom Hörensagen kennt und eigentlich nicht hinwill.

87

Der ultimative Schuh-Shopping-Plan

Jeder Schuhkauf ist eine vernünftige Investition (solange Sie sich danach besser fühlen).

Ich geben Ihnen jetzt sicher keine Tipps für den Schuh-Einkauf – außer einen: Kaufen Sie Ihre Schuhe alleine, vor allem aber ohne Ihren Mann, Freund, Lebensgefährten, Partner. Einzige Ausnahme: Ihr Begleiter ist schwul. Dann dürfen Sie ihn mitnehmen, denn er wird alles schön und praktisch finden, was auch Sie schön und praktisch finden.

Von begleitenden Freundinnen rate ich ebenfalls ab. Die sind nicht objektiv. Typischer Dialog: „Findest du, machen diese Schuhe schöne Beine?" (Sie probieren gerade ein klobiges Plateausohlen-Modell.) Freundin: „Bei dir schon! Außerdem sind die jetzt in! Passen dir echt gut!" Merke: Ihre Freundin würde sich diese Geräte zwar niemals an die Füße schnallen, meint aber, mit einer Freundin angeben zu können, die das tut. Fazit: Auf Schuhe bezogen sind die einsamen Entscheidungen die besten. Fragen Sie beim Schuhkauf immer nur sich selbst nach der Sinnhaftigkeit Ihres Tuns. Das Gute daran: Sie werden sich recht geben. Alles ist gut.

Kennen Sie das? Sie drehen sich in waffenscheinpflichtigen Stöckelschuhen im Laden vor dem Spiegel. Zählen im Kopf die Gelegenheiten, bei denen sie diese Schuhe tragen werden, kommen auf genau null, beschließen, sie zu kaufen.

Ziehen dann die Schuhe monatelang nicht an (sie sind eigentlich zu hoch, zu auffällig, zu alles), irgendwann ergibt sich aber die Gelegenheit. Und dann kommt der Moment, an dem sich entscheidet, ob ER ein Banause ist. Oder ein ganz Lieber. Wenn er fassungslos auf Ihre Füße starrt und „DAS sollen Schuhe sein?" sagt, haben Sie hiermit mein Beileid, aber trösten Sie sich, ich habe ähnlich unqualifizierte Fragen auch schon gehört (am besten nicht darauf antworten).

Wenn er sagt „Superschuhe! Darf ich dich bitte ins Theater (in die Oper, zur Party etc.) tragen?", dann, ja dann, ist er entweder schwul, frisch in Sie verliebt, ein Vertreter von Sergio Rossi oder ein ganz Lieber. Und eine kleine Bitte nun an diejenigen Männer, die noch nicht das goldene „Ich bin ein ganz Lieber"-Abzeichen tragen: Sagt, bevor Ihr den bösen „DAS sollen ...?"-Satz aussprecht, doch lieber gar nichts. Bietet uns stattdessen stumm den Arm zum Einhängen an, witzig ist das nämlich nicht, in solchen Geräten laufen zu müssen.

89

Und im nächsten Leben werde ich eine Mode-Muse.
Das geht dann so:

Schon morgens, wenn ich aufstehe, versuche ich ganz ich selbst zu sein. Ich trete vor den Spiegel, winke mir mit holder Geste zu und überlasse mich sodann den bereits wartenden Stylisten, Visagisten und Haarkünstlern, die auch heute wieder alleine zu dem Zweck angetreten sind, aus meinem Typ das Beste herauszuholen.

Während an mir herumgezipfelt wird, stoßen die Experten immer wieder spitze Schreie des Entzückens aus, so in der Art von: „Ach, wie sie jetzt gerade dreinschaut – süüüß!" Oder: „Mein Gott, beweg dich bitte jetzt keinen Millimeter, bleib genau so sitzen und halte den Kopf in diesem Winkel!" (Jetzt springt aus einer Ecke ein Top-Fotograf hervor, macht klack-klack-klack, stößt ebenfalls einen Schrei des Entzückens aus, jubelt: „Das wird das Foto des Jahrhunderts!" und verschwindet wieder unauffällig.) Dabei hab ich doch wieder einmal nichts getan, außer ganz ich selbst zu sein!

Die Tür wird aufgestoßen, und mein Chef erscheint. Der Mann, zu dem die Modewelt aufblickt. „Chérie", flötet er und haucht mir einen Luftkuss auf die Wange, „du bist die faszinierendste Frau, die es gibt." Ich seufze: „Danke, Karl, ich bin eben ganz ich selbst!"

„Da wäre aber noch was", sagt Karl Lagerfeld (nicht mehr so freundlich): „Ab morgen habe ich eine neue Muse, du bist mir nämlich langweilig geworden. Und tschüss dann!" Nun klatscht er in die Hände, und der ganze Stab, der eben noch an mir rummachte, folgt dem Meister hündchengleich hinaus.

Und da sitze ich nun und denke mir: So ein Leben als Muse ist ganz schön besch... eiden.

Frage an meine Leser: Wie trägt man ein Hawaiihemd?

„Wenn Sie sich mit Mode auskennen, wissen Sie bestimmt auch, wie man ein Hawaiihemd trägt", mailt mir Leser Karl Krammer aus Wien.

Ich fühle mich geehrt, wenn mich Leser um Rat fragen, will aber an dieser Stelle kurz betonen: Ich kenne mich mit Hawaiihemden auch nicht ganz aus, versuche aber mein Bestes.

91

Nun: Unter Hawaiihemd versteht man auf alle Fälle ein Kurzarmhemd, das zunächst einmal den Eindruck erweckt, der Träger sei eher freizeitorientiert. Kurzarmhemden im Büro signalisieren: „Eigentlich hätt' ich gern hitzefrei!" Wogegen ja nichts einzuwenden ist. Laut internationalem Kleidungs-Knigge kann es allerdings niemals und an keinem Ort der Weit so heiß sein, dass Mann nicht im langärmeligen Oberhemd seinen Mann stehen müsste. Ungerecht? Frauen müssen sich dafür die Beine und weiß Gott was noch rasieren. Also nicht kleinlich sein!

Zurück zur Anfrage des werten Lesers: Das Hawaiihemd weist gleich zwei Merkmale auf, die klassischen Businessmännern Schauer der Abscheu über den Rücken jagen: Erstens hat es kurze Ärmel (siehe oben). Zweitens vermittelt es das Gegenteil des leisen Auftritts.

Es vermittelt vielmehr das Lebensgefühl der Unangepassten. Den Rock ‚n' Roll von Elvis und James Dean. Es riecht nach Hibiskus, Sand und Meer.

Ich persönlich finde Hawaiihemden nett, vorausgesetzt man stopft sie niemals in die Hose. Diese Art von Hemd muss locker über den Bund fließen. In diesem Sinne: Aloha, Herr Krammer!

In Designer-Schuhe schlüpfen

Während ich diese Zeilen schreibe, fühle ich mich sehr allein. Mein sonst gut funktionierendes Frauen-Netzwerk im Büro ist heute nicht verfügbar. Out of order.
Frage ich jemanden „Wo ist denn die X, die Y oder die Z?", kommt als Antwort „kurz weg", „gleich wieder da" oder „keine Ahnung".

Am demütigendsten finde ich die Auskunft „keine Ahnung". Sogar die Bakterien in unserer Klimaanlage wissen, wo X, Y und Z stecken, nämlich genau dort, wo auch A, B, C, D und E stecken. Selbstverständlich weiß auch ich, wo sie alle sind, aber ich bringe die enorme Größe auf, das nicht an die große Glocke zu hängen. Ich bin ein wunderbarer, seelisch belastbarer Mensch, das muss man einmal deutlich sagen. Leider hört es niemand, weil gar keiner da ist.

Während ich tippe, kommt C zurück. Sie schleppt einen üppig dimensionierten Sack, auf dem steht „XY für H&M". C steckt aufgekratzt den Kopf zu mir herein und fragt, ob ich mal schauen möchte.

Pah! Weiche, Satan, mich interessiert deine öde Beute nicht! Ich selbst komm hier vor 17 Uhr nicht raus, und nach 17 Uhr ist die neue Designer-Kollektion bei H&M

längst dreifach ausverkauft, die Restteile kann ich vielleicht morgen noch auf eBay ersteigern. Mir wurscht. Soll die Welt XY tragen, ich brauch die Fetzen sicher nicht. Unter uns: Wer ist XY? Irgendein Gnom. Verlasst mein Büro, ihr Ego-Zwerge, lasst mich mein Tagwerk tun und danach in Frieden sterben! Gerne dürft ihr „Vorbild" zu mir sagen.

C meint gerade, ich soll kurz aufhören wie eine Geistesgestörte zu tippen. Sie hat mir die Designer-Schuhe, cremefarben, Größe 37, mal auf Verdacht mitgebracht. Ob ich die probieren möchte ...
Blöde Frage, was heißt probieren. DIE PASSEN!

Letzte Worte zu Designer XY

Ich habe es also getan und bin in eine H&M-Filiale meines Vertrauens gepilgert, um mir diesen Designer reinzuziehen. Der aktuelle Werbedruck hat meine innere Würde (ICH brauche das Zeug sicher nicht!) besiegt. Was heißt besiegt. Brutal niedergeknüppelt, in unwürdige Begehrlichkeit verdreht.

So kroch ich also demütig auf dem Bauch liegend bei H&M unter der Türschwelle durch, von Angst getrieben, dass sich die nächste Verkäuferin, wenn ich sie nach dem

Ständer mit, äh, der neuen XY-Ware frage, vor Vergnügen auf die Schenkel klopfen und lauthals in den Laden
brüllen wird: „Alle mal herhören, Leute! Die Komikerin
da fragt gerade nach XY", worauf sich alle Kundinnen,
die längst das Neueste von XY tragen, in einer Mischung
aus Entsetzen und Amüsement zu mir herdrehen und ein
Schwall des unterdrückten Kicherns einsetzt.

Die Menschen zeigen mit Fingern auf mich, ich höre eine
Mutter zu ihrem Kind sagen: „Siehst du, so sieht eine Frau
aus, die fünf Tage zu spät kommt", und dann eilt schon
unter gackerndem Gelächter die Filialleiterin herbei und
verweist mich wegen verbotener Ahnungslosigkeit und
Aufruhr des Lokals. Und ruft mir nach, ich könne es ja
mal in einer Filiale in Ulan Bator probieren, dort gäbe es
vielleicht noch Restposten, worauf mich das brüllende
Gelächter der Menge bis auf die Straße verfolgt.

Ach. Ganz so schlimm war es dann doch nicht. Ich ergat-
terte zumindest EIN Kleid von XY in der falschen Farbe
und Größe, stellte fest, dass man die Schamhaare darunter zählen kann, kam auf null Gelegenheiten es zu tragen,
kaufte es und war zufrieden.

Daheim probierte ich das Kleid noch mal in Ruhe, der
Dreijährige sah mich an und sagte „Schönes Nachthemd!"
Gute Idee, eigentlich.

95

Immer mal wieder wichtig:

Diät & Essen

Genießen
oder kochen?

Sie wollen fünf Kilo in Nullkommanix loswerden?

1.) Nach jedem Essen sofort Zähne putzen.
Grausam, aber wirksam, weil: nimmt die
Lust auf Nachtisch und Nach-Naschen.

2.) Reichlich trinken (Wasser mit Zitrone!),
auch vor jeder Mahlzeit. Unsexy, ich weiß.
Aber die wirksamste Methode gegen
Hunger und zu viel essen.

3.) Zwischendurch immer wieder mal Muskeln
anspannen (vor allem die Po-Muskeln),
Treppen steigen, bewusst schnell
gehen (Muskeln anspannen!), bewusste
Bewegungen in den Alltag eingliedern.
So viel Zeit ist immer! Wer drei Tage
lang dreimal täglich 20 Armstützen (zum
Beispiel aufs Waschbecken gestützt)
macht, bekommt am vierten Tag definierte
Oberarme. Aber hallo! Und dann machen
Sie einfach weiter ...

„Doppelnuss" gegen Sellerie

Da ich mich aus Prinzip nie auf die Waage stelle, aber an den Hosenbünden merke, was es geschlagen hat, schätze ich die Lage illusionslos auf drei Kilo plus ein. DIS-ZI-PLIN.

Bananen wirken gegen Heißhunger, haben Sie das gewusst? Ich kenne nämlich ALLE Tricks, aus unzähligen „Schlank in einer halben Stunde"-Storys, die ich mir öfter mit Genuss reinziehe, weil sie so schön simpel sind. „Bei Heißhunger trinken Sie zunächst drei Schluck Wasser, machen anschließend etwas Spontanes, zum Beispiel einen Kopfstand, und gönnen sich dann so viele Apfelschnittchen wie Sie mögen!"
Am liebsten mag ich bei Diäten den Zusatz „... so viel Sie mögen". Rohe Karotten – „so viel Sie mögen"; Selleriestangen – „so viel Sie mögen".

Würde weder das eine noch das andere mögen, deshalb mache ich nie Diäten und verlass mich auf mein Bauchgefühl. Das teilt mit, dass ich die große Tafel „Doppelnuss", die neben meiner Tastatur hockt, besser wegräumen sollte. Da mir auf die Schnelle nicht einfällt, wohin, sagt mir mein Gefühl, dass mich ein Eck davon nicht umbringt. Lecker, übrigens.

Mein Gefühl ist ein mathematisches Genie, denn es rech-
net sich gerade aus, dass eine vierte Tafel „Doppelnuss"
nicht gewichtiger sein kann als „Selleriestangen – so viel
Sie mögen". Was, wenn einer drei Kilo Selleriestangen
mag? „Mensch, hast du wahnwitzig zugenommen, wie
kommt das?" „Ach, ich hab schon alles versucht, aber bei
Selleriestangen werde ich immer wieder schwach …"

Wenn schon, dann mit Würde zunehmen beziehungsweise nicht abnehmen, finde ich. „Doppelnuss" ist in Ordnung. Drei Kilo Selleriestangen auf den Hüften sind echt
peinlich.

Bestimmt wissen Sie, was Grudi sind

Es war in einem dieser Gourmetlokale, wo man Steck-
nadeln fallen hört. Alles sehr gepflegt, bis hin zu den
polierten Messerbänkchen. Das Visavis bei Tisch verschwand hinter der Batterie an Hochglanzgläsern. Ein
Wasser-Sommelier stellte sieben Sorten Quellwasser zur
Auswahl und empfahl, nach Abwägung aller Vor- und
Nachteile, das Nass der französischen Alpen.
Auf der Speisekarte fand sich allerlei, was nicht besonders reizte. Asiatische Garnelen an Korianderschaum,

100

Taubenbrüstchen an Pfifferlingspüree. Und da: Gnudi mit Cappuccinoschaum.

Was bitte sind Gnudi? Sind Gnudi Nudi? Hat man sich im Tempel der Vornehmheit auf der Speisekarte verdruckt? Darf man sich vor dem hochwohlgeborenen Servierpersonal blamieren und fragen, was mit Gnudi gemeint sein könnte? Vielleicht wurde auch nur das „n" und das „u" vertauscht und es heißt richtig: Gundi an Cappuccinoschaum. Und wer mag Gundi sein, dass sie so ein erschütterndes Ende findet?

Doch alles geht mit rechten Dingen zu, der Kellner klärt auf: Gnudi sind kleine Teigknödel, eine Kreuzung aus Ravioli und Gnocchi, werden nyu-di ausgesprochen und gelten vor allem in New York als Spezialität. Der dortige Gourmettempel „Bottega Falai" gilt als führende Gnudi-Adresse der Welt.

Sie schmecken übrigens recht unspektakulär, und wenn man Gnudi-Rezepte googelt, kommt man auf die Homepage eines gewissen Antonio Gnudi, der als Elektroingenieur in Bologna wirkt. Ob er Gnudi kennt?

Die modernen Tischregeln ...

... sind anders, als Sie vielleicht angenommen haben.

Täglich lerne ich dazu, manchmal Erstaunliches. So meinte ein bekannter Benimmregel-Papst, nach dem auch eine Tanzschule benannt ist, bei einem Interview: „Das absolut Grauenhafteste ist das Wort: Mahlzeit! Das ist einfach stillos." Weiters merkte der Experte an, es sei enervierend, vor jedem Gang „Guten Appetit" gewünscht zu bekommen.

Seither habe ich einen Mahlzeit- und Guten-Appetit-Komplex. Bei uns in der Firma sagt jeder „Mahlzeit!". Ich jetzt nicht mehr. Ich wünsche, seit ich weiß, dass man dergleichen nicht mehr wünscht, auch nicht mehr „Guten Appetit!", wenn jemand in der Nähe ansetzt, sich sein Mittagessen schmecken zu lassen. Ich sage jetzt: „Na, wie schmeckt's?", einmal sagte ich „Wohl bekomm's!". Beides entspricht meiner Ansicht nach nicht hundertprozentig dem modernen Benimmregel-Stand, aber sonst fällt mir, ehrlich gesagt, nichts ein (bis auf „Gott vergelt's!" und „Iss nur brav!", aber ich weiß nicht recht).

Diese Woche dann bei einem sehr eleganten Abendessen. Der sehr elegante erste Gang wurde serviert, die elegante Gastgeberin griff zum Besteck, um die Mahlzeit einzuläuten, ich dachte, hoffentlich wünscht jetzt nur keiner Mahlzeit. Die Gastgeberin lächelte, keiner sagte etwas, da sprach sie mit deftiger Entschlossenheit: „Also, pack ma's an!"

Werte Benimm-Päpste und Päpstinnen: Bitte, nicht schlagen! Wir hatten sogar Messerbänkchen auf dem Tisch!

Fasten mit der Gucci-Tasche

Fastenzeit. Zeit der Vorsätze, die möglichst ohne Rücksicht auf Verluste durchgezogen werden sollten. Vierzig Tage lang kein Alkohol, kein Nikotin, keine Völlereien, im Idealfall. Ich rauche, trinke, völlere nicht. Eher unfreiwillig. Nach einem Glas Prosecco bin ich sturzbetrunken, vom Nikotinqualm wird mir schlecht, und die guten Gene meiner Mutter erlauben mir zu essen, was mir schmeckt, ohne gleich hysterisch die nächste Waage anzupeilen.

Wie soll nun ein nahezu lasterloser Mensch (bitte, die Betonung liegt auf NAHEZU) die Fastenzeit begehen? Meine Großmutter, die in den Wochen vor Ostern traditionell auch immer ihre Essgewohnheiten umstellte und sich tatsächlich auf das Wesentliche beschränkte, sagte immer: „Das Gute am Fasten ist, dass man mehr von sich spürt." Leute, die schon einmal eine echte Fastenkur absolviert

haben, wissen: Das mit dem „mehr von sich spüren"
stimmt. Oma machte diese Erfahrung halt daheim am
Küchentisch, während der aktuelle Brauch es vorsieht,
dass man unter Traineraufsicht in einer Fünf-Sterne-Bio-
Wellness-Anlage psychologisch richtig dosiert fastet.
Der Unterschied von Omas Fasten zum zeitgeistigen
„Gucci-Taschen"-Fasten beträgt mehrere tausend Euro.
Drei Wochen Mayr-Kur bei alten Semmeln und Milch
schlagen an standesgemäßer Adresse mit 3.000 Euro zu
Buche, das macht so viel wie zweieinhalb Gucci-Taschen
(oder drei kleine) oder das Doppelte eines durchschnitt-
lichen Monatsgehaltes. Insoferne ist den „Gucci-Fastern"
nur zu wünschen, dass sie sich wieder spüren lernen.
Und uns allen, dass wir bei Gelegenheit wieder mehr zu
Sinnen kommen.

Mein kritischer Blick in den Spiegel zu Sommerbeginn deckt sich nicht ganz mit den Abbildungen in Magazinen

Leute, ich habe eine beängstigende Entdeckung gemacht. Ich bin ein anatomisches Wunder. Ich wachse. In

meinem Alter! Zwar nicht in die Höhe, was mein beste-
hendes Gardemaß von (knapp) 1,63 cm spät, aber doch
in die internationale Laufsteg-Liga katapultieren könnte
(ich sage nur: Kate Moss). Unrund macht mich, dass sich
einzelne Körperteile unverhältnismäßig brutal zum Rest
meiner Proportionen ausweiten. Falls Sie jetzt annehmen, es handle sich da um die üblichen Problemzonen
Bauch, Po und Co., muss ich Sie enttäuschen. So banal
wachse ich nicht, das kann ja jeder!

Um mich steht's leider schlimmer. Mit einem breiten
Arsch könnte ich notfalls leben, Jennifer Lopez hat damit
sogar die WM eröffnet. Bei mir wächst allerdings der
Kopf. Und die Füße. Fragen Sie mich nicht, warum, vielleicht verteilen sich die Pizzaschnitten, die ich mir gelegentlich um Mitternacht hineinpfeife, aufgrund eines
seltenen Gendefekts im Gehirn und an den Fußsohlen,
was weiß ich.

Auffallend ist jedenfalls, dass ich in meine jahrelang ver-
lässliche Schuhgröße 37 seit Wochen nicht mehr passe.
37 an den Füßen war die Konstante in meinem Leben,
unabhängig vom Rest. Menschen, Kinder und Kilos, sie
kamen, blieben und gingen gelegentlich auch wieder. Die
Schuhgröße hielt eisern zu mir. Eines Tages aber, im Mai
2014, wachte ich auf, dachte an nichts Böses, schlüpfte,
weil sich nichts anderes anbot, in die Flipflops meines

Schatzis, die mir ausnehmend gut passten ... aber hallo! Ich starrte auf meine Füße.

Was hast du aktuell für eine Schuhgröße?, fragte ich meinen Mann, an dem mir noch nie aufgefallen war, dass er winzige Füße hat. Die Antwort („43, wie immer") war ernüchternd.

Letzte Woche ging es darum, einen Hut für eine nahende Hochzeit im Familienkreis zu probieren. Hüte standen mir immer blendend. Als ich vor drei Jahren meinen letzten Hut kaufen wollte, verwies mich die Verkäuferin in die Kinderabteilung. Nun aber: Meine Birne ist offenbar explodiert, kohlkopfartig gewachsen. Die Hüte sitzen keck auf dem Oberkopf, was mir die charmante Anmutung eines Hofnarren verleiht. In Kombi mit den Latschen meines Mannes mache ich künftig in jedem Kuriositätenkabinett was her – kommt, Leute, und bestaunt die kleine zarte Frau mit den Flossenfüßen und dem Wasserplutzer! Wenn das so weitergeht, kann ich eure milde Spende bald mit dicht behaarten Pranken aus meinem X-Large-Hut klauben.

So. Und Sie sorgen sich um Ihre Bikinifigur, weil sich der Blick in den Spiegel nicht mit den Abbildungen in den Magazinen deckt? Pfeifen Sie sich nichts! Ich fordere Bikini-Recht für alle! Und ich schwöre: Erst, wenn ich

meine neuen Riesenfüße aufgrund eines ehrlich an-
gefutterten Nilpferdbauches nicht mehr sehen sollte,
werde ich einen Einteiler tragen! Ansonsten gilt: Augen
zu und durch!

Warum die Madonna-Diät bei mir ziemlich anschlägt

Wenn man etwas nicht tun soll, verspürt man oft eine
unbändige Lust, genau das zu tun. Angenommen, man
startet die 24-Stunden-Madonna-Diät, mit der man, vorausgesetzt man isst 24 Stunden keine Kohlenhydrate, bis
zu 1,5 Kilo abnehmen kann. Na, was will man dann?

Kurz nachdem ich die 24-Stunden-Madonna-Diät star-
tete, wollten die Kinder zu McDonald's. Bisschen blöd,
dachte ich. Und verschob den Diät-Start um eine halbe
Stunde. ‚Du machst doch gerade die Madonna-Diät', stellte eines der Kinder fest, als ich in der Mitte meines Me-
nüs angekommen war. ‚Schtarte schpäter', sagte ich mit
vollem Mund und schluckte leise hinunter. Das Telefon
klingelte. ‚Wie geht's mit der 24-Stunden-Diät?', fragte
fröhlich eine Kollegin, die nach 24 Stunden ohne Kohlenhydrate tatsächlich 1,5 Kilo abgenommen hatte. „Läuft
prima", sagte ich. „Ganz easy. Kann jedes Weichei!"

Daheim machte sich jemand ein Salamibrot. Als derjenige aus der Küche war, machte ich mir auch eines, ach, was red ich: Ich brach einen Brocken vom Weißbrot ab und fraß die Salami aus dem Papier. Ein Kind kam rein. „Du isst Brot?", fragte es. „Bist du der neue Diät-Wärter hier, oder was?", keifte ich. „Los, verzieh dich, Hausaufgaben!" Das Kind trollte sich. Ich machte mir sofort ein weiteres Salamibrot, diesmal mit Gurke. Irgendetwas löste in mir einen unmäßigen Kohlenhydrat-Appetit aus.

Da das Hundefutter aus war, musste ich spät abends leider noch zur Tankstelle. Erstaunlich, was es dort alles gibt. Ich entschied mich für einen kleinen Proviant-Kühlkoffer, den ich gut befüllte. Meine Mutter rief an. Wie es denn so laufe mit meiner Diät ... „Alles im Griff, ja, dir auch schönen Abend!" Kühlkoffer auf. Pfiff mir ein kaltes Schnitzel hinein. Falls Sie jetzt finden, ich sei ein verheerendes Beispiel für die Madonna-Diät – Sie haben recht. Bald werde ich rund sein wie ein Gummiball und pompompom die Treppen runterhüpfen. Deshalb beende ich jetzt diese Diät, werde wieder schlank, und falls ich die Treppe runterfalle, zerbreche ich vor Dünnheit in 24 Teile. Sind zu viele Kohlenhydrate eigentlich schlecht fürs Gehirn?

Warum es so schwer ist, heute mit allem anzufangen

Frühlingsgefühle allerorts! A. trinkt Brennnesseltee (macht schlank), W. trinkt Entschlackungstee (macht schlank), G. trinkt eine Mischung aus beidem, erzählt A., sie hätte in zwei Tagen damit 61 Deka abgenommen (bei normaler Nahrungszufuhr), worauf alle auf die neue Supernischung umsteigen. Und sie mir empfehlen. Morgen fange ich an, sage ich, und wirklich: Ich meine es auch so. Die Optimierung meines Privatlebens verschiebe ich häufig auf morgen.

Vergangenen Sonntag stand E. vor der Türe, in Laufschuhen und dick vermummt. „Es hat zwei Grad mit Windböen bis 60 km/h", sagte ich zu E., „komm lieber rein auf einen Kaffee." E. sagte, sie dächte nicht daran, denn heute beginne ihr neues Leben. Ein Leben mit Laufschuhen und einer Mischung aus Brennnessel- und Entschlackungstee, und wenn ich jetzt nicht mitkommen würde, dann … Es gelang mir, E. zu überzeugen, dass ein gemeinsames Leben mit Laufschuhen und Teemischung besser zu ertragen sei als ein einsam und trotzig vor sich hin gefristetes Ich-sollte-eigentlich-mal-wieder-sportlich-sein-Dasein. E. zeigte sich vernünftig und trank zwei

Tassen Kaffee als Ausgleich zur Entschlackung, und morgen wollten wir ja ohnehin anfangen.

Als morgen vorbei war und wir trotzdem noch nicht angefangen hatten, erwog ich, sportlich umzusatteln. Ich sattelte virtuell von Laufen auf Pilates um. Eine Trainingsstunde im Studio seines Vertrauens zu vereinbaren ist nicht schwer. Man ergreift zu diesem Zweck sein Handtelefon, ruft an, macht aus, geht hin, fertig. Immer vorausgesetzt, man findet die Nummer, die man braucht. Sonst empfehle ich, den Anruf auf morgen zu verschieben.

Das Gute am Verschieben ist, dass man, während man verschiebt und verschiebt, immer wieder über kleine Genüsse des Lebens stolpert (Naschlade!). Das Schlechte ist, dass sich der notorische Verschieber beim Verschieben nicht ganz wohl fühlt. Der Verschieber übernimmt lieber so banale Aufgaben wie Kinderzähne nachputzen und Schmusetuch suchen, als endlich einmal anzufangen. Mit was eigentlich? Manchmal vergisst der Verschieber, was er im Grunde keinesfalls verschieben wollte. Mein Leben, wenn es gelebt war, wird aus einem alles dominierenden Gedanken bestanden haben:

Morgen fange ich an. Aber wirklich.

Warum ich mich manchmal selbst nicht mehr kenne

Der Tag hatte gut, nämlich mit frisch gepresstem Orangensaft begonnen. Der Auftakt zu einer kerngesunden Woche sollte es werden. Beschwingt und gestärkt vom Saft der reifen Früchte fuhr ich ins Büro. Kein Kaffee heute. Es geht wenig über das Gefühl, sich absolut gesund, leicht und vollwertig zu ernähren.

Gegen elf brachte eine Kollegin eine Torte mit. Es ist ausgesprochen nett, wenn sich Menschen, die Geburtstag haben, ihre eigene Torte mitbringen. Schoko-Nuss. Meine liebste Tortenfüllung war schon immer Schoko-Nuss. Malakoff ist auch nicht schlecht, diese köstlichen Schichten ... stopp. Ich wollte erzählen, wie der gesunde Start in die Woche heiter und gelöst voranging. Zunächst ging er zögernd voran, das lag an einem mittelgroßen Stück Schoko-Nuss. Mittags nahm ich in der Kantine nur ein Gurken-Salätchen. Daraufhin bekam ich Hunger. Die Torte war leider schon alle. Die Gier der Menschen kennt offenbar keine Grenzen, sobald eine Torte im Raum steht. Ich habe Menschen in Büros schon mit Kugelschreibern und Brieföffnern eine Torte zerhacken sehen, weil gerade nichts anderes zur Hand war. Erschreckend, sage ich Ihnen.

Gegen sechs Uhr ging ein Kollege zu McDonald's. „Bring mir was Kleines mit", sagte ich, „bitte was Gesundes." Geht okay", sagte der Kollege und brachte einen Doppel-Whopper-Käse-Speck-Schmatz-Super-Hopper oder so, jedenfalls ein mächtiges Gebilde, aus dem Mayonnaise tropfte (ein Salatblatt war aber auch dabei). „Das ist nicht dein Ernst", sagte ich, als ich den Karton öffnete. Dann geschah etwas Wundersames. Mein Körper begann zu zischen, und es wuchs mir ein räudiges Fell. Zeugen berichten von einem Werwolf, der unter lautem Ge-knurre die Zähne fletschte, zum Sprung ansetzte und sich vollends in den Super-Hopper vergrub. Widerliche Schmatz- und Grunzgeräusche sollen bis zur Stadtgren-ze gedrungen sein. Dann schüttelte sich der Werwolf die Zwiebelringe aus dem Fell, rülpste und verschwand durch die Wand. Bitte, ich weiß sowieso von nichts. Ich nehme an, es handelt sich um Hirngespinste jener von Gier zerfressenen Neider, die keine Torte abbekommen haben. Vielleicht aber auch nicht

Warum Lachen schlank macht.
Vielleicht jedenfalls ...

Manche Menschen nehmen umso mehr zu, je älter sie werden. Manche Frauen erreichen nach der Schwangerschaft nie wieder ihr früheres Gewicht. Die Amerikaner zeigen uns, dass ein ganzes Volk immer dicker wird. Seit kurzem ist mir klar, was ältere Bevölkerungsgruppen, Mütter und Amerikaner miteinander ins Übergewicht treibt: Sie haben wenig zu lachen.

Ernährungsforscher haben nämlich herausgefunden, dass der Körper beim Lachen eine Menge Kalorien verbrennt. Wie viele, hängt vom Grad der Erheiterung ab, Kichern bringt demnach weniger als ein ordentlicher Lachkrampf, bei dem man sich wiehernd vor Vergnügen auf die Schenkel klopft. Fazit: Wer wenig zu lachen hat, nimmt schwer ab. Wer nichts zu lachen hat, nimmt zu.

Diese Erkenntnis widerspricht zwar meiner persönlichen Beobachtung, nach der Mollige ein heiteres Gemüt haben können und extrem Dünne oft von Mieselsucht geplagt sind, aber das ist natürlich subjektiv. Beuge mich also den Studien der Experten aus Nashville, Tennessee, die besagen: Fünfzehn Minuten tägliches Lachen reichen, um vier Kilo abzuschütteln. Leider nicht im Monat, sondern im Jahr.

Jetzt könnte man sagen: Wegen vier läppischer Kilo im Jahr tu ich mir den Aufwand mit dem Lachen nicht an. Allerdings ist Lachen lustiger als ernst sein. Auf meinem Schreibtisch liegt übrigens seit einer Woche das Buch

„Die 24-Stunden-Diät". Laut Plan im Buch kann man sich binnen einem Tag bikinifit stylen, wenn man eine Stunde Joggen mit drei Mahlzeiten zu insgesamt 1.000 Kalorien kombiniert.

Kenne eine Frau, die das versucht hat. Nach 24 Stunden hatte sie 0,5 Kilo mehr auf den Rippen. Nicht witzig. Die Frau erwägt nun den Ankauf eines Lachsackes, der zum Mitlachen stimuliert. Die diätischen Aspekte von Dauer-lachen sind bis jetzt zwar nicht erforscht, aber wer weiß. Man muss kreativ sein.

Eben betritt ein Kollege der Frau ihr Büro, haahaahaa, der Typ hat ur zugenommen, pruhahaaa, hihihi. Sorry, muss mir nur die Tränen aus den Augen wischen ... Falls die Frau je wieder aus dem Lachen herauskommt, kann sie, hihi, weiterschreiben, hihi.

Wenn die Steilwand ruft ...

Habe eine neue Berufung, die ich nur weiterempfehlen kann: Klettern. Vorerst noch nicht auf der Eiger-Nord-wand, mit Betonung auf VORERST, aber immerhin in einer Halle. 20 Meter Steilwand, winzige Griffe, an denen sich der geübte Klettermaxe leichtfüßig emporhantelt (im Idealfall). Keine Kinderjause, definitiv. Ein falscher

Schritt, ein falscher Griff und man blickt dem Tod ... Na gut, ganz so dramatisch ist es nicht, man blickt seinem Trainer ins Auge und hängt im Sicherungsgurt, und das ist peinlich genug. Mein Trainer heißt Igor und ist definitiv kein Weichei. Wir halten derzeit bei der vierten Doppelstunde, was bedeutet, dass ich quasi fast ein Profi bin. Schon einmal was von Sicherungsseil-Knoten gehört? Pah! Tippen Sie mir nachts um drei auf die Schulter, sagen Sie „Sicherungsseil-Knoten", und ich knote Ihnen was!

Igor ist ein Tiroler Bergfex und versprüht herben Charme. In Igors Augen bin ich seit gestern ein zähes „Weiberleut", und diese Ehre ist hart erkämpft. Als ich zum ersten Mal wie ein Affe in der Mitte einer 20- Meter-Steilwand hing, ober mir das Nichts, unter mir der Abgrund und Igor, wurde mir schlecht. „Igor", schrie ich zitternd, „ich muss hier sofort runter!" Igor antwortete etwas, das sich bei späterer Analyse als „Scheiß di net an, beweg dein' A." herausstellte. Gestern dann traute ich mich schlicht nicht, Igor wieder zu enttäuschen, und kletterte ans Ende. Es war berauschend. So ähnlich muss sich Messner oft gefühlt haben. Als ich heil wieder unten ankam, sagte Igor „Madl, endlich hascht an Bisch", was sich bei späterer Analyse als „Mädchen, endlich hast du Biss" herausstellte. Muss ich betonen, dass ich einen Meter gewachsen bin?

115

Alle Jahre wieder wichtig:

Festtage

Das Christkind,
Muttertag,
Fasching (haha)

Fluch und Segen der Festtage:

Im Allgemeinen rate ich, sich auf die Zeit zu freuen, wenn alles wieder vorbei ist.

Was den Muttertag betrifft, plädiere ich für zwei Versionen:

Solange man als Mama aktiv ist, sprich, Kinder zu versorgen hat, wäre es eine Geste der Großzügigkeit, wenn man von der Familie an diesem Tag einfach mal FREI bekommt. Wir lieben euch ja trotzdem!!!

Sobald die Kinder erwachsen sind: Na klar, bitte antreten! Und gerne nehmen wir außer Blumen auch nicht selbst Gebasteltes entgegen :-))

„Drücke Tasta grüne Knopf!"

Die letzten Tage waren mir ein sprachliches Rätsel ...

Da der Geschirrschenker, wie erwartet, zu Weihnachten erbarmungslos zugeschlagen hat, habe ich die letzten Tage damit zugebracht, völlig unverständliche Gebrauchsanweisungen zu lesen. Unverständlich deshalb, weil der Geschirrschenker ein weitgereister Mensch ist, der vor allem im Ausland an seine Lieben, und dabei offenbar primär an mich denkt. Unter anderem hat mir der Geschirrschenker etwas geschenkt, das, wenn ich die Bilder auf der Packung richtig interpretiere, ein Nudelkocher zu sein scheint.

Ich glaube, es handelt sich um ein Ding, das man ins kochende Wasser zu den Nudeln legt und das Geräusche abgibt, wenn die Nudeln weich sind. Das Besondere an dem Kocher ist, dass er ausschließlich in China und Polen erhältlich sein dürfte, da die Gebrauchsanweisung nur in chinesisch und polnisch verfasst wurde, sowie in einer Mischform, die einen tapferen Versuch der deutschen Übersetzung erkennen lässt:

„Nähme Kocher aus die Packung jetztda", lese ich und frage mich seit 96 Stunden, was mit „jetztda" gemeint ist (vermutlich „sofort" oder „gefälligst").

119

„Drücke Tasta grüne Knopf" (das könnte „Drücken Sie die grüne Taste" oder „Drücken Sie die Pasta" heißen, es gibt nämlich keinen grünen Knopf).

Mein Lieblingssatz ist: „Piepse Nudeln raus", was ich so deute, dass der Kocher zu piepsen beginnt, wenn die Nudeln gar sind. Der letzte, nur in polnisch verfasste Satz, heißt: „Nie wolno wktnedac produktu do wody lubinnych cieczy", was laut meinem Handbuch „Polnisch für den Hausgebrauch" so viel heißt wie: „Gerät nicht in Wasser eintauchen."

Spätestens zu Weihnachten 2016 kriegt der Geschirr-schenker ein Riesenproblem mit mir.

Der Mai ist ein „Ich liebe dich" – Monat

Wie wär's damit, das seinen Kindern zum Muttertag zu sagen?

Also, Kinder, ich liebe euch, und ich werde nie wieder, schon um meine Nerven zu schonen, versuchen, euch wie Hänsel und Gretel auszusetzen. Wir erinnern uns. Stoppte damals den Wagen auf der Westautobahn, riss die hintere Türe auf, brüllte: „Raus mit euch, mir reicht's jetzt!" Wie war ich froh, als sich meine vage Befürchtung bestätigte: Ihr seid sitzen geblieben und habt gelacht. Danke dafür noch im Nachhinein, die Schlagzeile „Brutale Mutter setzt Kinder am Pannenstreifen vor Amstetten aus!" hätte unsere Sippe in fatales Licht getaucht.

Natürlich liebt ihr mich auch. Unter anderem dafür, dass ihr noch nicht an Skorbut gestorben seid, denn würdet ihr so essen, wie's euch passt, würdet ihr zum Frühstück schon Pizza verputzen und Burger und das Zeug. So aber koch ich euch das Oberleckerste aus dem großen Buch der Vollwertküche und schnipple und rühre und scheppere mit den Töpfen schwer, und wenn das Essen auf den Tisch kommt, ruft ihr fröhlich: „Iiih, was ist denn dieses Rote da?"

Das sind Rote Rüben, die machen euch groß und stark. „Und bäääh, was ist das für ein grauslicher Saft?" Das ist Selleriesaft, liebe Kinder, doch nein, es ist der Saft meiner bitteren Tränen, die ich in eure leer gemampften Burger-Kartons weine, in einsamen Stunden, wenn ihr wie in Hypnose vor euren Handys sitzt ... Aber gut, ich räche mich gelegentlich an euch.

Anlässlich des Muttertages ist es mir ein Anliegen, mein Gewissen zu erleichtern: Ich kann schlecht verlieren. Das eine oder andere Mal mag es also vorgekommen sein, dass ich euch beim Uno-Spielen beschissen habe.

121

Tschuldigung. – Für die letzten 386 Male, bei denen ich darauf bestanden habe, dass der Neuner ein umgedrehter Sechser ist.

Es gibt Dinge, die nur Menschen kennen, die Kinder haben. Nur sie kennen den grellen Schmerz, der nackte Sohlen durchzuckt, wenn man damit im Dunkeln, auf dem Weg, den kleinen Liebling zuzudecken, auf einen Legostein tritt. Ich habe euch immer gern zugedeckt.

Wer liebt, deckt zu. Selbst wenn mir tagsüber kurzfristig entfallen sollte, dass ich euch ganz gerne mag, löst ihr, sobald ihr schlaft, den überwältigenden Zudeckreflex in mir aus.

Und jetzt, Sohn, räum gefälligst deine Stinkesocken von der Couch! Tochter, es wäre hilfreich, wenn du durch dein Zimmer begehbare Schneisen schlügest. Großes Kind, warum schnappt dein blödes Handy immer ab, wenn ICH dich anruf?

Ich liebe euch, bis mindestens zum Horizont. Und ab morgen werd ich bessere Fehler machen.

Gnadenlose Stille Nacht

Natürlich haben Sie sich alles so eingeteilt, dass am Morgen des 24. gar keine Hektik aufkommen kann. Ihre Familienmitglieder sind liebevoll instruiert, um zum Gelingen des Abends beitragen zu können.

Selbstverständlich haben Sie daran gedacht, dass Opa keine Nüsse mag und Oma es zehn Meter gegen den Wind schmeckt, wenn auf den Vanillekipferln statt echter Vanille nur Dr. Oetkers Vanillin haftet. Natürlich werden Sie Ihren Partner/Ihre Kinder/Eltern/Anverwandten in diesen Stunden vor und während der Stillen Nacht nicht unter Druck setzen oder kritisieren.
Wer immer den Baum schmückt, wird mit Ihrem Lob rechnen können, und falls Ihnen das Ergebnis nicht gefällt: Macht nichts, nächstes Jahr ist wieder Weihnachten.

Falls Sie sich in einer Patchwork-Familiensituation befinden und SEINE Tochter beim Festmahl etwas in der Art von „Bei meiner Mami schmeckt die Gans aber knuspriger" sagt: Entspannt bleiben, Knödel, Rotkraut und Saft anbieten, dann gibt sich jeder Gnom geschlagen.
Falls in dem vielversprechenden Riesenpaket, auf dem Ihr Name steht, ein Sechser-Set Edelstahl-Bratpfannen lagert (und Sie sich das nicht ausdrücklich gewünscht haben): artig bei der Schwiemu bedanken.

123

Wenn das Geschenk auf SEINEM Mist gewachsen ist: Racheplan entwerfen, NACH Weihnachten umsetzen (wenn er Ihnen etwas Modisches schenkt und statt Medium ein Teil in X-Small erwischt hat: Racheplan sofort umsetzen).

Ich wünsche Ihnen, wo und wie Sie auch immer feiern, aus ganzem Herzen FROHE WEIHNACHTEN.

Durchhalten, danach ist für ein ganzes Jahr lang alles vorbei!

Problemlos umtauschen

Unglücklich mit einem Geschenk? Bleiben Sie es lieber!

Spätestens heute ist der Tag, an dem man manches, was zu Weihnachten beschert wurde, ernsthaft überdenkt. Im schönsten Fall benutzt man das Geschenk, im schlechtesten prüft man sein Gewissen dahingehend, ob man das Angebot des Schenkers eventuell annehmen kann. Es bezog sich auf einen möglichen Umtausch, der überhaupt kein Problem wäre. ABER: Geschenke umzutauschen gehört zu den Dingen im Leben, die zwar problemlos möglich sind, die man aber nie in Anspruch nehmen sollte.

Umtauschen ist kränkend und signalisiert dem Schenker: Du liegst daneben. Du hast den Geschmack einer Sumpfpflanze.

Ich habe noch nie ein Geschenk umgetauscht, außer einmal eine 1,50 Meter hohe dickbauchige Vase, die der Schenker mit den Worten übermittelte, ich könne sie ja jederzeit problemlos umtauschen.

Da ich zu dem Zeitpunkt gerade nicht die Kraft aufbrachte, eine Lagerhalle zu bauen, um die Vase dort unauffällig unterbringen zu können, wollte ich sie problemlos umtauschen. Der nur koreanisch sprechende Verkäufer in dem Vasengeschäft, vor das der Lastwagen rollte, den ich organisieren musste, um die Vase problemlos umtauschen zu können, bot mir in freundlichem Koreanisch eine Vase gleichen Ausmaßes in einer anderen Farbe an, was ich ablehnte, weil mir die Farbe herzlich egal war und ich den Koloss gerne gegen etwas Kleines, Hübsches umtauschen wollte.

Ich erhielt daraufhin problemlos einen Gutschein über eine Vase gleichen Ausmaßes, da es in diesem Geschäft nichts anderes gibt als 1,50 Meter hohe koreanische Vasen in vielerlei Farben. Froh sehe ich noch immer dem Tag entgegen, an dem der Gutschein problemlos verfällt.

Schau, es ist Weihnachten!

Und alles ist gar nicht so schlimm. Frohes Fest!

Leute, es ist Weihnachtstag. Bis zur Bescherung sind es noch schwache acht Stunden, und wenn ihr in dem Schneckentempo weitermacht, könnten wir Anfang Jänner feiern.

Welcher Scherzbold hat den Baum dermaßen dilettantisch in das Baumkreuz gesteckt? Der kippt ja schon vom Anschauen um (eine Stimme aus dem Off sagt: Der Baum ist voll super ins Kreuz gesteckt und ich soll nicht immer so hysterisch sein).

Wo ist das Tixoband? Gestern lagen hier, genau auf diesem Tisch, zwei Tixobänder (die Stimme aus dem Off sagt: „Ich hab sie nicht"). Sicher hast du sie, hab dich doch gesehen, wie du sie weggetragen hast, also, wo ist das Tixo? (Die Stimme aus dem Off sagt: „Keine Ahnung.")

Jetzt fragt die Stimme aus dem Off, ob es noch Geschenkpapier gibt, irgendwo in dem Haus. Was heißt irgendwo in dem Haus? Was glaubt die Stimme aus dem Off, wo sie wohnt? In einem Haus mit geheimer Geschenkpapier-Kammer, die von Geschenkpapier-Bediensteten pausenlos aufgefüllt wird?

Nein, es gibt kein Papier, das Papier, das es noch gibt, brauch nämlich ich. Für meine Geschenke. Und langsam sollte sich wer in Bewegung setzen und zum Bahnhof fahren, es wäre dort bekanntlich jemand abzuholen.

Ich fahr dann schon, sagt die Stimme aus dem Off, du brauchst dich um nichts zu kümmern, gib Ruhe und entspann dich.

Gib Ruhe? Ist die Stimme aus dem Off noch bei Trost? Soll sich der liebe Gott um alles kümmern oder was? Schau, es ist Weihnachten, sagt die Stimme aus dem Off. Freu dich doch! Die Stimme aus dem Off hat recht (ausnahmsweise). Schau, es ist Weihnachten! Und der Baum ist trotzdem schief, aber egal, und ich bin froh, dass ich euch habe.

Und bitte: Lasst mich weinen!

Sie werden heimlich tuscheln, so laut immerhin, dass es locker auch ein Schwerhöriger mitbekommt, sie werden mit Töpfen und Tellern klirren und dann wird es ein berstendes Geräusch geben. Daraufhin wird Grabesstille einsetzen. (Jetzt überlegen sie, was sie tun sollen, damit keiner die Katastrophe bemerkt.) Daraufhin wird Mama, die bis jetzt in Warteposition mit einem guten Buch im Bett gesessen ist, nervös werden und nachsehen wollen, daraufhin wird irgendwer „Komm ja nicht raus, ist alles geheim!" brüllen, daraufhin wird sich Mama diskret wieder zurückziehen und überdenken, wie lange sie braucht, um den Saustall wegzuräumen. Wenn später die Großmütter auf den Plan treten, sollte die Küche zumindest ohne Gummistiefel betretbar sein.

Nach gefühlten zwei Stunden Wartezeit im Schlafzimmer könnte es dann jeden Moment so weit sein. Die Spannung steigt, so wie in einem Thriller. Tam-tam-tam-tam-taaam (im Thriller wird jetzt die Musik ganz hoch und klirrend). Da sind sie! Mit einem Tablett. Frühstück im Bett! Was es da alles gibt! Fünf Zentimeter dicke Brotscheiben haben selten so fein geschmeckt, und das Wurstgesicht mit Mayonnaise-Augen und Nutella-Mund ist urlecker, wirklich! Die großen Starköche der Welt könnten nicht besser experimentieren! Und dieser herrliche Kaffee, nennen wir ihn magenschonend, jedenfalls voll gesund. Ach, könnt ihr süß sein, wenn ihr wollt. Und dann die Gedichte! Bitte noch einmal aufsagen und dann noch einmal! Und jetzt tropft es Millionen Mamis aus den Augenwinkeln, und das ist sehr in Ordnung.

Und kurz noch an die eigenen Rabenbraten eine Bitte: Nicht stören beim Weinen! Lasst mich zumindest für drei Minuten ein glückliches, heulendes Elend sein.

Warum ein Streit zu Weihnachten ausgeschlossen ist – jedenfalls bei uns

Eine neue Studie besagt, dass in jeder dritten Familie am Weihnachtsabend Streit ausbricht. In jeder dritten Familie! Stellen Sie sich das einmal vor, das ist fast gleichzusetzen mit jeder zweiten Familie, wenn man großzügig denkt, fast mit jeder Familie! Mir ist so was unverständlich. Weihnachten und Streit? Nicht mit mir. Bei uns wird diskutiert, nicht gestritten.

Nehmen wir das Essen, das bereits Tage vor Weihnachten für angeregten Gesprächsstoff unter den zwölf beim Fest anwesenden Personen sorgt:

Vier sind für Fondue. Zwei sind für kalte Platte. Ich bin für Fisch, weil das Kindheitserinnerungen weckt. Meine Tante Ida ist gegen Fisch, weil ihr als Kind eine Karpfengräte im Hals stecken blieb und sie fast erstickt wäre. Einer ist für Käseplatte (und mit seiner traurigen Meinung seit Jahrzehnten alleine). Eine ist für Würstelsuppe, weil das Erinnerungen an ihre Kindheit weckt. Zwei sind für Wiener Schnitzel mit drei Beilagen. Was es geben wird, weiß derzeit nur ich (hähä), und ich sage nur so viel: Überraschung!

129

Diskutiert wird bei uns auch gerne der Zeitpunkt der Bescherung. In anderen Familien gibt es fixe Bescherungszeiten. Dort werden Kinder in der satten Gewissheit geboren: Um 16 oder 17 oder 18 Uhr ist bei uns Bescherungszeit. Wir sind da flexibler, wobei ICH selbstverständlich das Bescherungs-Sprachrohr der Kinder bin. Gäbe es mich nicht, würden die armen Kleinen gegen 23 Uhr, also nach dem Essen, trüb über ihren Päckchen eindösen, weil vier von zwölf wie immer der Meinung sein werden, es müsste zuerst gegessen und dann beschert werden (zwei weitere Personen sind der Meinung, es könne im Sinne des Multitasking ruhig gleichzeitig gegessen und beschert werden – dazu sage ich jetzt nichts).

Doch auch wir haben lieb gewonnene Rituale: Kaum zu Tisch, wird Tante Ida, wie immer zur Freude der Kleinen, die Situation nachspielen, in der sie vor 80 Jahren (damals war sie sieben) fast an einer Karpfengräte erstickt wäre. So was traumatisiert ja nachhaltig. Die Kleinen werden scherzhaft auch so tun, als stecke ihnen eine Gräte in der Kehle, und lustig um die Wette röcheln.

Und sicher ist bei uns zu Weihnachten eigentlich nur, dass sich Herr Elmayer (falls er eingeladen wäre) schnell und indigniert empfehlen würde.

Warum es dann doch immer ziemlich knapp wird ...

Ich kann mich noch an das Gefühl am letzten 24. Dezember erinnern. Es war gegen Mitternacht. Die Kinder waren unter Bergen von Geschenkpapier eingeschlafen, meine Mutter klaubte sich die Engelshaare vom Kaminkleid, die anderen waren in der Mette.

Das Kaminkleid, muss ich kurz einfügen, hatte ich ihr gerade geschenkt.

„Wie schön", sagte meine Mutter, als sie das bodenlange Samtkleid, das wie ein eleganter Schlafrock aussieht, aus dem Goldpapier klaubte, „und wann soll ich das anziehen?"

Ich sagte: „Na, jetzt, zum Beispiel. Oder wenn du Gäste vor dem offenen Kamin empfängst."

Meine Mutter erwähnte beiläufig, dass sie über keinen offenen Kamin verfüge und Gäste selten in einer Art Schlafrock empfange, Jeans seien ihr eigentlich lieber, zog aber folgsam mein Geschenk an. Sie machte sich gut in ihrem Kaminkleid, als wir beide nach geschlagener Schlacht da in der Küche saßen (schade, dass gerade keine Gäste kamen).

„Ab sofort, Mama", sagte ich, „habe ich ein ganzes Jahr Zeit, um wieder Geschenke zu besorgen!" Meine Mutter

131

sagte nichts, vielleicht empfand sie das ja als gefährliche Drohung.

Ich meinte es ernst. Zwölf befreiend lange Monate lagen vor mir. Monate, in denen ich – einmal hier, einmal da, je nachdem, wo ich sein würde– etwas Originelles besorgen könnte. Ganz entspannt.

Es wurde Sommer. Ich streunte durch die Märkte meiner Urlaubsinsel, prüfte, feilschte, erwägte. Und kaufte nichts, weil es für Weihnachten noch viel zu früh war. Es wurde September. Von einem USA-Trip wollte ich einen Koffer mit Geschenken zurückbringen. Aber wer kauft schon Geschenke im September? Ehrlich gesagt, ich nicht.

Es wurde November. Ich surfte durch zahlreiche Internetseiten und dachte, na, dort wird man in der Not schon was bekommen. Und bestellte lieber noch nichts.
Jetzt sind es noch 17 Tage. Ich bin entspannt. Überlege gerade, wie meine Mutter oder Tante Ida oder Onkel Hannes reagieren, wenn ich sage: „Ich schwöre, dass ich seit 12 Monaten auf der Suche nach einem Geschenk für dich bin, aber ich fand nichts, das schön genug gewesen wäre!"

Glauben Sie, die würden mir glauben?

Warum ich am Muttertag leider nicht erreichbar bin

Gast du nwune sms wemsluch velommrn? Falls Sie eine solche SMS bekommen haben und nicht ganz zuordnen können: Ich war's. Ich und mein neues Smartphone. Ein Vor-Muttertagsgeschenk von Menschen, die es gut mit mir meinen, und tatsächlich gewöhnen wir uns langsam aneinander, mein Begleiter und ich.

Nehmen wir das Telefonieren: Gerne würde ich den einen oder anderen mir lieben und bekannten Menschen anrufen, wenn ich könnte. Der hochsensible Touchscreen des Gerätes nimmt meine Touch-Befehle nur unter größtem Widerwillen an, deshalb muss ich warten, dass die Menschen MICH anrufen. Das Problem ist nun, dass ich leider nicht abheben kann. (Wenn Sie mich also angerufen haben, und eine unsympathische Voicemail-Stimme hat Ihnen erklärt, dass ich nie verfügbar bin: Keine Sorge, mir geht's noch halbwegs!)

Belastend ist das schon: Mein Smartphone schrillt in einem der 86.534 möglichen Klingeltöne, ich drücke panisch auf das grüne Zeichen ANRUF ANNEHMEN, darauf meldet das Smartphone umgehend: Sie haben diesen Anruf soeben verpasst.

Als Notmaßnahme verschicke ich daraufhin SMS, da die Buchstaben auf dem Touchscreen aber für die winzigen Hände von Neugeborenen konzipiert wurden (die Kinder wenden sich ja heutzutage früh der Technik zu), erwische ich die falschen, die das kluge Gerät blitzartig speichert und sendet. Heraus kommt: siehe oben (zu Deutsch: Hast du meine SMS endlich bekommen?)

Sonst bin ich aber ganz zufrieden. Ich kann die Befindlichkeit von über 14.000 Städten in einer Nanosekunde abrufen. Falls Sie wissen wollen, wie die Luftfeuchtigkeit gerade in Melbourne ist, oder wo in Tokio gerade wieder Stau ist: Rufen Sie mich doch mal an! Und die kürzeste Route von Modena nach Bielefeld kann ich binnen einem Wimpernschlag herausfinden.

Ja, wir haben Spaß, der kleine Schelm und ich: Gerade wollte ich meine Mutter anrufen, da zeigt mir das Gerät den Weg von Wien nach Novigrad in Kroatien an.
Will Mama dort hin? Ist sie schon dort? Was weiß das Ding, was ich nicht weiß? – Zum Beispiel, dass es in Novigrad soeben eine Demo gibt, es am Montag aber sonnig wird.

Warum ich die 38 Tage bis Weihnachten kaum erwarten kann

Andere Leute mögen aus ihren Amerika-Urlauben Blue Jeans oder sonst was mitbringen. Ich hingegen habe in den USA etwas wirklich Sinnvolles entdeckt. Etwas, das mein Leben bereichert. Etwas Exquisites. Eine Müll-Press-Maschine.

Das erste Mal wurde ich mit dieser herrlichen Erfindung bei einer Einladung in einem typischen US-Haushalt an der Westküste konfrontiert. Es hätte aber auch an der Ostküste sein können, denn man sagte mir, dass kein US-Haushalt mehr ohne Müllpresse auskommt. Ich fand die Gastgeberin des Abends damals versonnen in der Küche vor einem Apparat stehend vor, in den sie Tiefkühl-Kartonagen aller Art – also offenbar die Hüllen jener Dinge, die wir gerade verspeist hatten – hineinwarf. Als die Maschine voll war, drückte sie auf einen Knopf. Es brummte und zischte. Die Gastgeberin öffnete das Ding: Der Müll war zu einem handlichen kleinen Quadrat gepresst.

Ich wurde augenblicklich vom Müll-Press-Virus infiziert. Ich bestellte die Müllpresse. Vor zwei Wochen wurde sie geliefert. Es stellte sich heraus, dass man sie in meiner Küche nicht einbauen kann, ohne die gesamte Küche zu zerstören. Also steht sie jetzt im Keller. Muss ich erwähnen, dass ich in letzter Zeit häufig im Keller anzutreffen bin? Es ist ein erlösendes Gefühl, seinen Müll schrumpfen zu sehen. Meine Müll-Presse gibt mir das Gefühl, zur Entsorgung des Weltmülls einen wesentlichen Beitrag zu leisten, ja, ich glaube, ich bin süchtig.

Abends nach Büroschluss streife ich durch unsere Redaktionsräume, auf der Suche nach Müll. An guten Tagen schaffe ich so drei bis vier große, graue, gut gefüllte Säcke heim. In meine kleine Kellerwerkstatt. Oft bin ich dort bis in die frühen Morgenstunden anzutreffen, um den Müll zu pressen und hernach die Müll-Quadrate säuberlich zu stapeln. Man kann kleine Kunstwerke daraus bauen. Doch wie jedem Süchtigen geht mir zuweilen der Stoff aus. Streife dann durch die Straßen, auf der Suche nach Beute. Denken Sie also nichts Böses, wenn es spät an Ihrer Haustür klingelt. Ich bin's nur! Ich will nur ein bisschen Müll. Froh stimmt mich die Aussicht auf das Weihnachtsfest: All die Kartonagen! Die zerrissenen Verpackungen! Nur noch 38 Tage, dann werde ich, gleich nach der Bescherung, die Tanne zersägen und zu einem handlichen Quadrat pressen. Leute, das wird ein Fest!

Warum ich Unterschriften gegen das Internet sammle

Eigentlich sollte ich jetzt etwas über gute Vorsätze im neuen Jahr schreiben. Tut mir leid, das hier wird keine Neujahrskolumne im klassischen Sinn. Mein Vorsatz ist nämlich, alle Internetleitungen zu zertreten, zu zerreißen, zu verbrennen, zu zerhacken, was weiß ich, wie man so was möglichst gut zerstört. Falls Ihnen das jetzt seltsam vorkommt: Meine im Internet bestellten Weihnachtsgeschenke für insgesamt 26 Menschen sind zu Weihnachten nicht angekommen. Darf ich Sie also bitten, auf meiner neuen Internet-Hass-Unterschriftenliste zu unterschreiben? Bei einer Billiarde Unterschriften, und ich bin da ganz zuversichtlich, wird das Internet abgeschafft (sage ich jetzt einmal). Noch konnte ich den Welt-Internet-Verantwortlichen, wo immer er sich versteckt hält, nicht erreichen, das war über die Feiertage ein bisschen schwierig, aber eines Tages kriege ich ihn. Und ich will dann nicht in seiner Haut stecken. Ich werde dem www.Weltverantwortlichen dann erzählen, wie das zu Weihnachten bei mir war, nachdem ich ihn zuerst geknebelt, an einen Computer gefesselt und mit einer Dornenkrone versehen habe. Also: Ich bestellte bei einem Internet-Versand neunzig Prozent meiner Weihnachtsgeschenke. Ich erhielt ein Bestätigungs-Mail:

137

Ihre Bestellung wird sofort bearbeitet, Lieferung spätestens am 21.12. Am 21.12. rief ich beim Versand an
und nannte meine Bestellnummer. Jemand sagte, da sei
anscheinend was passiert, man rufe zurück. Nach zwei
Stunden rief man an und sagte, meine Lieferung sei irr-
tümlich nach Deutschland gegangen. Gütersloh. Adresse
verwechselt. Sehr unangenehm. Leider. Man werde alles
versuchen, damit die Ware noch vor dem 24.12. kommt.
Die Ware kam am 27.12. Sehr unangenehm. Man hatte
alles versucht. Leider.

Habe dann eine Voodoo-Puppe gebastelt, das ist der
www.Weltverantwortliche. Zuerst zerhackte ich ihn,
anschließend pürierte ich ihn im Mixer, dann leerte ich
seine Reste auf den Misthaufen und trampelte darauf
herum, hehe. Nicht unangenehm! Sie meinen, diese Reaktion ist eigenartig, und der Typ kann sicher nichts dafür?
Hehe. Sie haben recht. Ich habe alles versucht, mich unter Kontrolle zu halten. Aber leider. Sehr unangenehm.

Warum Intelligenz bei Geräten kein Faktor ist

Das Schöne am Frühling ist, dass die Frühjahrskataloge
dann alle schon da sind und über die Feiertage durch-

gekämmt werden können. Besonders gerne mag ich die neue Generation der intelligenten Geräte. Wer an der Intelligenz von intelligenten Speiseeismaschinen, Nudelteigherstellungsmaschinen, Brotbackmaschinen mit integrierten Pizzabackfunktionen oder Epiliergeräten zweifelt, der ist ... naja, vielleicht ist er intelligenter als die, die das Zeug euphorisch bestellen und die Inbetriebnahme nach reiflichem Studium der achtzigseitigen Gebrauchsanleitung auf später verschieben. Sicher aber ist der intelligente Geräte-Ignorant erfahrungsärmer als der Besitzer dreierlei intelligenter Epiliergeräte.

Ich zum Beispiel besitze drei intelligente Epiliergeräte dreier verschiedener Marken (zwei wurden mir geschenkt), deren Intelligenz laut Prospekt darin besteht, feinste Härchen bereits im pränatalen Wachstum zu erspüren, die Haarwurzel herauszusaugen und auf ewig zu zerstören, was so enorm intelligent ist, dass sich das Gerät mittels seiner eigenen Intelligenz für die Zukunft außer Kraft setzen würde (täte man es benützen). Da die Geräte aber nicht so intelligent sind wie ihre Erfinder, wenn auch mitunter intelligenter als ihre Käufer, liegen sie rum. Und liegen rum. Wie traurig, dass in praktisch jedem modernen Haushalt Berge an Intelligenz brachliegen.

Und so studiere ich zu Ostern Kataloge, immer auf der Suche nach etwas, das es jetzt aber wirklich noch nie gegeben hat und das mein Leben vielleicht doch erleichtert. Eine intelligente Kindersäuberungsmaschine mit integriertem Haarschneider, Entrotzer und Nagel-schmutzrandentferner, das wär's! Man wirft das Kind, wenn es beispielsweise vom Ostereiersuchen kommt und dann so aussieht wie meines, oben hinein. Danach rotiert das Gerät fünf Minuten, erzeugt blubbernde und sau-gende Geräusche, während man in Ruhe ein gutes Buch lesen kann, ein iPod samt schalldichter Kopfhörer wird mitgeliefert. Manche Mütter schrecken sich vielleicht, wenn sie ihr eigen Fleisch und Blut brüllen hören, aber keine Angst! Am Ende des Vorganges wird das Kind aus der Maschine gekippt, komplett entrotzt und proper fri-siert übergeben, und das Beste ist: Es kann sich an nichts mehr erinnern! Will ich haben!

Zwei Chinesen und ein Schwein

Während als Biene, Blume oder Feuerwehrmann verklei-dete Erwachsene ja mitunter nicht so lustig anzusehen sind, finde ich Kinderfaschingsfeste ausgesprochen spa-ßig. Letzten Samstag eines absolviert, wo ein Dutzend kreativ herausgeputzter Zwerge die Wände wackeln ließen. Ich brachte ein Schwein (3) sowie zwei Chine-sen (Zwillinge, 5) zur Feier mit. Das Schwein grunzte friedlich, weil es sich um sein erstes wahrgenommenes

Faschingsfest handelte, die Chinesen, als Kindergarten-Rüpel stadtbekannt, versprachen einen spannenden Nachmittag.

Beim Krapfenessen war alles okay, obwohl ein Indianer und ein Frosch versuchten, sich gegenseitig mit den Marmeladefingern die Augen auszustechen, aber wozu gibt es beaufsichtigende Elternteile. Die männlichen, beaufsichtigenden Elternteile gruppierten sich jovial um den Küchentisch, die weiblichen in Redelaune auf dem Sofa, so versäumte jeder verlässlich die Qualen des Piraten, den das Gespenst kaltblütig mit Papierschlangen erwürgen wollte. Der Pirat brüllte wie am Spieß nach seiner Mama, die leider für drei kurze Stunden Luft schnappen war. Endlich hatten dann auch die Chinesen ihr Formtief überwunden und folterten den Frosch, was das gerechte Schwein zum Petzen animierte. Bevor sich die Chinesen rachedurstig auf das Schwein warfen, brüllte ich „das ist jetzt nicht mehr lustig", worauf sich die Chinesen still aufs Klo verzogen und es unter Wasser setzten. Später packte ich mein Schwein, gab die Chinesen bei der rechtmäßigen Eigentümerin ab und dachte an den Fasching meiner Kindheit, wo friedliche Bienen um liebliche Blumenkinder summten – und nie Chinesen eingeladen waren.

Wichtiger, als man glaubt

Haus
& Garten

*& der Hund
und das Auto...*

Gut geplant ist meist daneben ;–)

Vor langer Zeit, als ich noch keine eigene Familie hatte, stellte ich mir meine künftigen Wohnsitze (New York, Miami, Saint Tropez, mindestens) so vor:

Großzügige Lofts mit weißen Wänden und weißen Böden, dazwischen großzügige weiße Sitzlandschaften und da und dort ein buntes, optimal platziertes Kunstwerk. Dazwischen gekonnt verstreute Coffee-Table-Bücher und dekorative Magazine. Die Küche? Hauptsache stylish. Grundsätzlich hatte ich vor, künftig eher in angesagten Szenelokalen zu speisen.

Und heute? Ist die einzig wirkliche Großzügigkeit meine Eigene. Habe mir angewöhnt, so großzügig wie möglich über alle Unzulänglichkeiten hinwegzusehen, die ein Patchwork-Haushalt mit sieben Kindern und drei Hunden mit sich bringt.

Und das Beste daran ist: I like!

Der Garten als Hort der Freude

Als ich heimkam, war der gesamte Gartenzaun mit Bambusmatten umwickelt. Ich hatte sofort den netten Pensionisten in Verdacht, der mir im Garten hilft, und lud ihn zum Kaffee ein. „Herr Zadrazil", sagte ich, „warum haben Sie den Gartenzaun mit Bambusmatten umwickelt?" „Das ist kein Bambus, das ist Plastik!", rief Herr Zadrazil stolz. „Erste Qualität. Absolut wetterfest!" „Fein", sagte ich, „das freut mich. Gibt es die Möglichkeit, die Matten vom Zaun wieder zu entfernen?" Herr Zadrazil biss bekümmert in sein drittes Stück Kuchen: „So billig kriegen Sie in Ihrem ganzen Leben keine Bambusmatten mehr. Laufmeter drei Euro, Baumarkt!" Herr Zadrazil kauft praktisch alles, wenn es billig ist. „Herr Zadrazil", sagte ich, „nehmen Sie doch noch ein Stück vom Kuchen. Man könnte das Baumhaus der Kinder mit den Matten ummanteln, die freuen sich bestimmt." Zwar würden die Kinder beim Anblick des zerstörten Baumhauses in Tränen ausbrechen, aber in jungen Jahren gewöhnt man sich doch noch an alles. „Die Matten sind ein Sichtschutz", trumpfte Herr Zadrazil auf. „Durch die sieht keiner durch!" „Gewiss", sagte ich, „aber hinter dem Zaun ist ein Liguster. Und wenn wir vor den Zaun noch Bambusmatten spannen, glauben die Leute, wir hätten etwas zu verbergen." Herrn Zadrazils Augen flackerten triumphierend: „Ich zeige Ihnen was", sagte er, und ich ahnte nichts Gutes. Er führte mich in den Vorgarten zu einer Art chinesischem Brunnen. Selten habe ich etwas Hässlicheres gesehen. „Wie ungewöhnlich", sagte ich, „wer ist der glückliche Besitzer?" Herr Zadrazil sah mich feierlich an, und fast hätte er mir mit einem Stirn-Kuss gratuliert. „Wie viel?", fragte ich. „29,90, Baumarkt", sagte er. Falls Sie mal jemanden brauchen, der Ihnen im Garten hilft …

Ein starkes Duo, der Hund & ich

Halb drei Uhr früh. Aus dem Untergeschoss dringt zartes Klirren. Komische Geräusche. Stimmfetzen. – Einbrecher. Einer mindestens! Vom schnarchenden Umfeld ist keinerlei Hilfe zu erwarten, doch wozu hat-man einen Hund? „Bei Fuß, komm her", zische ich dem Tier zu, das wie ohnmächtig auf seinem Hundesofa liegt. Das Tier gähnt. Das Tier streckt sich. Das Tier will seine Ruhe. „Komm endlich", zische ich hysterisch (Tobias Moretti sagt bei solchen Gelegenheiten immer souverän: „Es gibt Arbeit, Rex!").

Zwei Gespenster tapsen die Stufen hinunter, das sind der Hund und ich. Der Hund, die feige faule Nuss, klammert sich am Pyjama fest. Zieht den Schwanz ein. Schaut flehentlich blöde. Das heißt: Tragen, bitte! Angst!

Herrgott, Hund! Da unten findet ein Einbruch statt, ich würde mir zumindest ein Knurren, ein Kläffen, den Ansatz einer minimalen Verteidigung erwarten. Der Hund umklammert lautlos mein Pyjamabein. Gleich wischerlt er sich an, vermutlich.

Wir schleppen uns zur Türe des Grauens (das ist nicht einfach mit einem Tier, das zitternd ein Pyjamabein umklammert). Sammle meinen Restmut und drücke die Klinke – kriminaltechnologisch der pure Wahnsinn, das Opfer läuft wissend dem Täter ins Messer. Eine Kinderstimme aus dem CD-Recorder brüllt gerade: „Kacke, verdammte! Vielleicht ist der Mistkerl ja nicht zuhause?" Eine andere Kinderstimme ruft: „Vielleicht besucht er ja den dicken Michi!" Dicker Michi? Die „Wilde Kerle"-CD ist auf Endlosschleife eingestellt. Noch einmal Glück gehabt, du elender Feigling von einem Hund. Drücke die Stopp-Taste. Dann gehen wir in die Küche einen Nerventee trinken, der elende Feigling und ich.

Heute wäre ein perfekter Tag

Ein Picknick im erweiterten Familienkreis. Heute wäre der perfekte Tag dafür! Vor meinem inneren Auge nimmt ein bezauberndes Szenario Gestalt an: eine reich gedeckte Tafel auf einer blühenden Wiese. Alte,

Mitteljunge und ganz Junge lachen und scherzen gemeinsam, essen frisch gebackenes Brot und trinken süßen Wein. Kleine Mädchen in duftigen Kleidern balgen liebevoll mit blondgelockten Bübchen in schicken Bermudas. Ein Sonnenstrahl durchbricht die laue Luft, taucht die Gesellschaft in beglückende Wärme und tanzt meiner Tante Gisi neckisch auf der Nase rum, scherzend rückt sie deshalb zu Tante Ida in den Schatten auf.

Im Hintergrund muht eine braun gescheckte Kuh ein sanftes Muh. Die Kinder lachen. Ein Vetter gibt seine Verlobung mit Heidi Klum bekannt, die heute zwar verhindert ist, aber alle herzlich grüßen lässt. Wir gratulieren, und jetzt setzt sich ein Zitronenfalter genau auf Tante Idas Dekolleté. Jemand zückt den Fotoapparat und macht davon das Foto des Jahres. Klick!

Dann bin ich aufgewacht. Auf dem Boden liegt der mit Filzstift bemalte Rumpf einer Barbie. Ihr Kopf ist abgerissen, das rechte Bein ist ausgekegelt. Der verantwortliche Folterknecht will gerade den Hund massakrieren, seine Schwester zerrt ihn an den Haaren weg, darauf beginnt der Folterknecht zu brüllen, daraufhin klingelt das Telefon, der Folterknecht hebt ab und schreit: „Ich bin nicht da!" Daraufhin sagt Tante Ida, dass sie mit Tante Gisi soeben den Streit des Jahrhunderts hatte und dass jetzt endgültig der Ofen zwischen ihnen beiden aus ist.

Daraufhin fällt mir ein, dass Feiertag ist und die Spider-man-Cornflakes des Folterknechts aus sind. Daraufhin beschließe ich, das Picknick um mindestens ein Jahr zu verschieben.

Marias Kopf und der Hund

Der Hund hat den Kopf von Maria abgebissen, sagt das Kind am Telefon, was sollen wir jetzt machen? Welchen Kopf und welcher Hund, frage ich, habe keine Ahnung, was du meinst. Unser Hund, sagt das Kind, hat den Kopf von Maria abgebissen.

Unser Hund? Unser Hund ist das dümmste, aber netteste Tier, das ich kenne. Könnten Hunde grinsen, würde unser Hund mit einem breiten Grinser durch die Welt laufen, jeden anlächeln und schwanzwedelnd begrüßen, so wie er es einmal sogar mit den Einbrechern tat. Ja, unser Hund ist auch zu Einbrechern nett, er macht keinen Unterschied zwischen Gut und Böse, er liebt Menschen, Tiere und Hydranten gleichermaßen, was sich dahingehend äußerst, dass er beim Gassigehen hin und wieder einen Hydranten zärtlich umarmt.

Und jetzt das. Der Hund hat Maria den Kopf abgebissen, besser gesagt, akribisch abgenagt. Marias Rumpf ruht

traurig neben der Krippe mit dem Jesuskind, der Hund
muss Maria mit einem Knochen verwechselt haben.

Als er klein war, hat er meine Schuhe zernagt, wenn er
Aufmerksamkeit wollte, später hat er sich das Spielzeug
der Kinder vorgenommen und Barbie-Puppen in ästhe-
tisch bedenkliche Zustände versetzt. Das jetzt mit Maria
geht aber ins Persönliche. Mein Großvater hat Maria
geschnitzt. Für eine beachtliche Anzahl von Lebenslagen
kenne ich den passenden Umgang mit dem Hund, jetzt
fällt mir nichts ein. Was macht man mit Hunden, die einer vom Großvater geschnitzten zentralen Krippenfigur
den Kopf abbeißen? Wahrscheinlich kann der Hund
nichts dafür. Sollte ich jemanden treffen, von dem ich
glaube, er kann was dafür, werde ich Maria rächen.

Marias Kopf, zweiter Teil

Der Kriminalfall um Maria ist gelöst. Der Hund hatte der
Krippenfigur den Kopf abgebissen, aber natürlich ist er
nicht alleine auf diesen Schwachsinn gekommen. Der
Hund hatte einen Komplizen, den ich selbstverständlich
überführt habe. Der Komplize ist noch nicht ganz drei.
Es gibt zwei Lebewesen im Haushalt, die großes Glück
haben, dass ich ihnen generell mit Nachsicht gegenüber-
trete: Das sind der Hund und sein Komplize.

Spätestens als der Hund und sein Komplize im Sommer beschlossen, gemeinsam auszuwandern, am nächsten Straßeneck abgefangen wurden und zu heulen begannen, weil sie anscheinend mindestens nach Südamerika wollten, hätte ich reagieren können: den einen ins Tierheim, den anderen, nun, irgendwo andershin stecken. Nachsicht wird selten belohnt.

Da der Komplize nie freiwillig gestehen würde, dass er den Hund zum Fressen von Maria angestiftet hat, musste ich ihn überlisten. „Hast du heute schon den Hund gefüttert?", fragte ich ihn. Er verschränkte die Ärmchen hinterm Rücken, was er tut, wenn ihn ein verdammt schlechtes Gewissen plagt. „Hast du dem Hund ein Knochi gegeben?", fragte ich. Der Komplize blieb stumm. „Hat dem Hund das Knochi geschmeckt?", fragte ich. Der Komplize nickte erfreut. Na also. Meine Verhörmethoden zählen zu den brutalsten. „Raus mit euch!", sagte ich zu Hund und Co., um mich alleine ärgern zu können, während der Hund und sein Komplize in den Hundekorb krochen und sich dachten, heute knallt die Alte wieder ordentlich durch.

Nicht mal im Auto hat man Ruhe

Mir kommt vor, die Menschen werden auch immer aggressiver. Zum Beispiel beim Autofahren, da zählen Hundertstelsekunden. Wehe, wenn man morgens im Stadtverkehr nicht formel-eins-mäßig wegzischt, kaum dass die Ampel Gelb anzeigt, um 20 Zentimeter weit nach vorne zu rollen. Gemächliches Anfahren führt zum Volksaufstand.

Was ich, um die Zeit zu nützen, morgens im Auto gerne mache, ist erstens die Zeitungen zu lesen und zweitens meine eigene Karosserie zu polieren. Eh nur notdürftig. Falls der Rollverkehr sehr ins Stocken gerät, funktioniert auch beides gleichzeitig sehr gut.

Gestern früh auf der Zweier-Linie, ich bin gerade in die köstliche Kolumne meiner Kollegin Martina Rupp vertieft, während in der anderen Pfote die gezückte Wimperntusche auf den Einsatz wartet, rennt ein Irrer vom Auto hinter mir nach vorne und klopft erbost auf meine Scheibe. Ich öffne einen Hauch breit und frage höflich nach seinem Begehr. „San se deppert", brüllt der Irre, „se hoidn ollas auf!" Gerade will ich ihm für diese Unfreundlichkeit die Wimperntusche ins Auge stechen, als ein öffentliches Organ auftaucht. „De Frau do schminkt se im Auto!", brüllt der Irre dem Organ zu. „Na und", brülle ich zurück, „das könnte Ihnen auch nicht schaden, so wie Sie ausschauen!"

Das Organ ist ratlos. Es weiß nicht so genau, wie Schminken im Auto zu ahnden ist. Hinter uns wird gehupt. Der Irre trollt sich zu seiner Karre, das Organ zuckt ratlos mit den Schultern und deutet mir weiterzufahren. Gern, an mir soll es nicht liegen! Und dem Nächsten, der mir blöd kommt, zerquetsche ich meinen Lippenstift zwischen den Zähnen.

Sind Sie auch so schlecht im Beet?

Wer kann mit wem im Beet besonders gut? Richtig, es geht heute, ganz österlich natürlich, um die kleine Pflanzenkunde. In der Natur geht es nicht anders als bei Hinz und Kunz zu: Manche Gewächse können miteinander, viele wollen einander nicht riechen. Ob man sein Gegenüber mag oder nicht, ist ja oft nur ein diffuses Gefühl. Auch bei den Pflanzen, lese ich in meinem neuen Lieblingsbuch „Traumpaare im Beet". Lilien und Tulpen auf dem gleichen Quadratmeter Erde? Mord und Totschlag

153

wird prophezeit. Zwei stolze Schöne, die einander in die Mistgrube wünschen (so was soll im echten Leben auch vorkommen). Akelei und Katzenminze? Eine schwierige Beziehung. Erstere blüht im Mai, zweitere im Juni, und erst die gleichzeitige Blüte macht aus einem Paar im Beet ein Traumpaar. Ein 50-jähriger Heißsporn mit einem 20-jährigen Schattengewächs an der Seite wirkt ja auch nicht zum Pflücken schön.

Aber natürlich ist im Beet nicht alles schlecht, was augenscheinlich nicht zusammenpasst: Rittersporn und Rosen etwa. Eine optisch gewagte Mischung, die sich dennoch herzlich liebt. Beide wollen mit Dünger großzügig verwöhnt werden, beide blühen zur gleichen Zeit. Gärtnerisch besonders spannend: Was bei den Menschen eher stockend funktioniert, klappt bei den Blumen reibungslos – Dreiecksbeziehungen.

Blaue Traubenhyazinthen, gelbe Narzissen und weiße Sternmagnolien ergeben eine optisch grandiose Amour fou, als besonders tolerant gelten auch Paarungen von Kletterrosen, Efeu und Clematis. Weise Gärtner wissen, dass diese Pflanzen oft ein Leben lang gut miteinander können, also traute Beetgenossen sind. Was schließen wir daraus? Grünzeug ist scheinbar belastbarer als seine hochentwickelten „Nachkommen".

Und was tun Sie heute so? Vielleicht haben Sie ein Hobby? Lesen, Kino, Theater?

Früher, als es noch keine Handys gab und Menschen, die seit 20 Minuten überfällig waren, nicht anriefen, um zu sagen, sie bräuchten eh nur noch fünf Minuten – in dieser sorgenfreien Zeit also waren Hobbys in Mode. Praktisch jeder Mensch hatte ein Hobby. In Zeitungs-Fragebögen wurden Prominente nach ihren Hobbys gefragt und gaben originelle Auskünfte. Wenn man von den Hobbys anderer las, war man ganz betrübt, weil man selbst nichts außer den völlig unoriginellen Standards „Lesen, Kino, Theater" vorweisen konnte. „Lesen, Kino, Theater" lag unterhalb der Banalitätsgrenze. Derartiges auf einem Fragebogen anzugeben wäre für den Prominenten echt peinlich gewesen, deshalb gaben Prominente niemals „Lesen, Kino, Theater" an, sondern „Ukulele schlagen", „Teerosen züchten" oder „Partnertausch". Letzteres, einmal von Schauspieler Helmut Berger notiert, gab vor allem denen zu denken, die nur „Lesen, Kino, Theater" als Hobby vorzuweisen hatten.

Leute, die viel Platz hatten, richteten sich zu Hause sogar eigene Hobbykeller ein, und was immer sie dort taten, es hatte – zumindest in meiner Wahrnehmung – wohl eher mit Helmut Berger als mit „Lesen, Kino, Theater" zu tun. Ich kann mich aber auch irren, und der typische Hobbykeller-Besitzer war nur mit Laubsäge und Spanplatte kreativ zugange.

Derzeit sind Hobbys, habe ich das Gefühl, komplett aus der Mode. No-No jeder Trendliste. Kein Mensch fragt mehr wen nach seinem Hobby, was der „Lesen, Kino, Theater"-Fraktion endlich den Druck nimmt. Wir können uns outen: Ja, auch wir haben Spaß im Leben! „Lesen, Kino, Theater" ist super! Dieser Sonntag wird heiß!

Warum die Husse nicht nur eine Husse ist – sondern mehr

Bitte nicht wundern, aber heute geht es um Hussen. Dass Sitzmöbelbezüge meine Gedankenwelt besetzen, klingt seltsam, und Sie haben recht: Es ist seltsam. Außer professionellen Hussenerzeugern, deren täglich Brot die Husse ist, und mir wüsste ich auch niemanden, der sich dieser Tage intensiv mit Hussen beschäftigt, und bei mir hat das eine Vorgeschichte.

Eine meiner ältesten Freundinnen (im Sinne von am längsten befreundet) kam zu Besuch. Es ist etwa 25 Jahre her, dass wir gemeinsam um die Häuser zogen, sie zog es dann nach Amerika, wo sie bis heute lebt, in einem entzückenden Haus in einem Vorort von New York. Ihr Haus sieht aus wie weiland das der Waltons („Gute Nacht, John-Boy!"), inklusive Schaukelstuhl auf der Terrasse.

Damals, als wir noch weniger bürgerlich dachten, hatten wir Visionen. Nicht so sehr beruflich gesehen, aber wohnungsmäßig jedenfalls. Ein Loft sollte es sein, so um die 800 Quadratmeter, in dem eine Hälfte ihr und eine Hälfte mir gehören würde, mit einer kleinen, feinen Küche in der Mitte (in der wir sowieso nie kochen würden). Die Loft-Vision hatte keine einzige Zwischenwand (bis auf zwei WCs, eines für sie und eines für mich), Kinder, Männer, Hunde, Hussen kamen darin nicht vor. Hussen hatten ihre und meine Großeltern auf den Esszimmerstühlen. Hussen galten als Inbegriff der Spießigkeit. Als Schritt in ein von Pflichten, Mühen und Kleinkram dominiertes Leben. Wo die Husse wohnt, war unsere Befürchtung, ist auch der Staubsauger, mit dem die Hausfrau tüchtig in die Ecken geht, nicht weit. Nicht mit uns! Hussen waren definitiv kein Lebensentwurf.

Meine Freundin streifte mit der Kaffeetasse in der Hand durch die Räumlichkeiten, es war schon ein paar Jahre her, seit sie zuletzt bei mir war. Dann fragte sie: „Seit wann hast du eigentlich Hussen?"

Ja, seit wann eigentlich? Weiß nicht mehr genau. War auf die Husse gekommen und hatte es nicht einmal gemerkt. Unauffällig hatten sich die Hussen in mein Leben geschlichen. „Ich hab mir auch gerade neue gekauft", sagte meine Freundin. (Neue Hussen? Das heißt, es gab schon welche davor?) Dann ließen wir uns auf den Hussen nieder und spielten das Weißt-du-noch?-Spiel. Loft und so. Haben beschlossen, uns das für die Lebensphase nach den Hussen aufzuheben (kann aber vielleicht noch dauern).

Warum ich bei der Hitze nicht gern im Auto sitze

Fürchte, ich muss mein Auto verkaufen. Es ist mir peinlich zu erwähnen, aber es stinkt. Also drinnen. Bei einer Affenhitze wie dieser kaum erträglich. Die Kinder weigern sich bereits, einzusteigen, obwohl sie Atemschutzmasken aus der Apotheke umgebunden haben. Sie sagen, sie wollen nicht bei vierzig Grad wie Vollidioten mit Atemschutzmasken in einem stinkenden Auto sitzen. Undankbare Krähen sind sie.

Ich vermute, dass der Gestank von einem alten Autobrot stammt, das eines der Kinder schon vor Wochen während der Fahrt zur Schule genoss. Autobrote sind Brote, die als Frühstück ins Auto genommen werden. Manchmal mit Käse. Ein Krümel davon muss in eine Lücke zwischen die Sitze gerutscht sein. Eigentlich erstaunlich, dass in meinem Auto noch etwas zwischen die Sitze rutschen kann, die Ritzen sind voll Plastikteilchen, Flaschendeckeln, klebrigem Zeugs. Den Ritzenmüll meines Autos könnte ich als unverwüstlichen Kitt für Stahl- und Brückenbau patentieren lassen. Unzerstörbar!

Fuhr zur Tankstelle, hielt vor einem Sauger, riss mich vom Fahrersitz los, der von einer klebrigen Masse, glaube, aus einer explodierten Coladose der Kinder, kandiert war und schnorchelte mit dem Saugrüssel durch den Wagen, bis er ein kleines Plastik-Star-Wars-Raumschiff erwischte, das friedlich in einer hinteren Sitzritze parkte. Dann fuhr ich unauffällig pfeifend weg und hoffte, dass die anderen in der Sauger-Warteschlange nicht merkten, dass ich den Sauger ka..., also beeinträchtigt habe.

Mittlerweile sitze ich nur noch mit schwerem Atemschutzgerät hinter dem Steuer. Der Käse beginnt zu gasen. Falls Sie den Wagen nehmen, brauchen Sie ihn eigentlich nur untenrum aufzuschweißen. Oder halt komplett auseinanderzubauen.

Und falls Sie im Verkehrsfunk hören, auf der Autobahn kommt Ihnen ein Sondermüll-Giftgas-Transport entgegen, seltsamerweise ohne Fahrer: Bin ohnmächtig geworden. Überholen Sie nicht. Und halten Sie um Gottes Willen die Luft an!

Warum ich frühmorgens gern alleine im Garten bin

Da stehe ich also in meinem Garten, mit einem leisen Lächeln. Es ist früh am Morgen. Nebelschwaden im Apfelbaum. Nacktschnecken ziehen ihre Bahnen durch das feuchte Gras. Bin extra früh auf, damit mich keiner sieht, denn das, was ich gleich tue, mache ich am liebsten ganz mit mir alleine aus. Nur ich, der Garten und das Laub. Eine stumme Einheit. Voll Güte schau ich auf das bunte Laub, leuchtend gelborange ist es. Ei, was ließen sich daraus für hübsche Basteleien machen! Gigantisch große Blätter-Collagen, Girlanden und gar prächtige Gebilde, die sich nahtlos zu den Dutzenden, was rede ich, zu den Hunderten anderen Kinderbasteleien fügen würden, die jede Ecke meines Heimes und Kellers befüllen, ausfüllen, mit ihrer Präsenz zum Platzen bringen werden. Basteln Ihre Kinder auch so gerne? Schön, wenn man sich in ein kreatives Umfeld eingebettet weiß!

Zurück in die Idylle. Der Garten. Ich. Das Laub. Mein Laub. Ich fühle mich als Herrin des Laubes. Vielleicht

160

sollte ich einmal mit einem Kriminalpsychologen darüber reden, wie sich Lämmer fühlen, kurz bevor sie
selbst zu Wölfen werden. Vielleicht fühlen die ähnlich
wie ich. Ausnahmezustand. Ich will es tun. Ich muss es
tun! Aug in Auge mit dem Laube, zieh ich runter meine
Haube (so ein Garten inspiriert auch lyrisch gesehen).

In jedem Täter wohnt auch ein Poet (umgekehrt natür-
lich auch). Vorübergehend hat es sich allerdings aus-
poetisiert. Sie sollten mich jetzt sehen! Nicht nur aus
Kälteschutzgründen trage ich im Garten gerne meine
Bankräuberhaube, schwarz, mit Mund- und Sehschlitzen.
Sie passt perfekt zu IHM, und ER ruht schwer in meinen
Pranken! Großmutter, warum hast du plötzlich so riesige
Pranken? (fragen die kleinen, unschuldigen Laubblätter-
chen). Damit ich IHN besser fassen kann, meinen Turbo-
Laubsauger mit Vier-Takt-Gebläse, Elektromotor und
Laufrolle zum Saugen und anschließendem Häckseln!
Tonnenweise Bastelarbeiten, äh, Laub, zerhäckselt, zer-
stört, vernichtet! Vernichtet! Vernichtet!

Das Grauen trägt meinen Namen. Adieu! Und jetzt:
SAUGER EINSCHALTEN! SAUGEN! ALLES WEG, WEG,
WEG, WEG, AHHHH! Sollten wir uns nicht mehr treffen,
habe ich mich soeben aufgesaugt und entsorgt, es ist so
ein befreiendes Gefühl …

Warum ich mich jetzt schon auf Weihnachten freue

Ehrlich gesagt, bin ich froh, dass wir jetzt Anfang Oktober haben. Ich war auch froh, als wir Anfang Mai, Juni, Juli, August und September hatten, allerdings hat mich der mannshohe Weihnachtsengel in unserem Vorzimmer da noch mehr gestört als jetzt. Der Engel stammt aus der vergangenen Weihnachtszeit, lieblich anzusehen, wenn man ihn ansteckt, leuchten seine Engelsaugen so ähnlich wie bei einem Alien. Wenn Weihnachten ist, sieht der Engel wie ein Weihnachtsengel aus, falls gerade nicht Weihnachten ist, so wie jetzt, sieht der Engel wie etwas aus, das eigentlich in den Keller müsste.

„Man müsste den Engel wegräumen", sagt praktisch jeder, der unseren Vorraum betritt, ausgenommen natürlich Gäste, die sind zu höflich es auszusprechen, (denken sich aber: Warum räumt hier eigentlich keiner den Engel weg?). Dabei wären wir so viele, die den Engel wegräumen könnten. Außer dem Hund könnte jeder den Engel wegräumen, er ist nicht besonders schwer. Zudem wohnen bei uns auch noch zwei Untermieter: Eigentlich und Manmüsste. Kennen Sie Eigentlich und Manmüsste eigentlich? Hoffentlich nicht. Es handelt sich bei ihnen leider um faule, gefräßige Säcke, die im Haus-

162

halt keinen Finger rühren, aber extrem anhänglich sind. Eigentlich und Manmüsste verfolgen mich auf Schritt und Tritt, eigentlich würde ich ihnen permanent gerne in den Hintern treten, aber immer wenn ich es versuche, sind sie plötzlich weg. Mehrmals habe ich probiert, die Schmarotzer brutal an die Luft zu setzen, durch die Hundeklappe kamen sie immer wieder angekrochen. Elendes Pack. Besonders lästig ist Manmüsste. Man müsste Manmüsste so wie den Weihnachtsengel unter Strom setzen, vielleicht löst er sich dann auf, und ich habe meinen Frieden.

Nur noch sieben Wochen, dann beginnt die Weihnachtszeit, dachte ich gestern, als ich heimkam. Eigentlich und man müsste saßen gerade fett und behäbig vor dem Engel, glotzten blöde wie immer und applaudierten mir freudig.

Weihnachten ist nicht mehr ...

Ohne das Gras wachsen hören zu wollen: Habe meinen Nachbarn zur Rechten am Sonntag durch seinen Garten streifen gesehen. Mit gezücktem Maßband. Er ging die Strecke zwischen Gartenzaun und Hauseingang ab. Er hatte den Gesichtsausdruck, den er immer hat um diese Jahreszeit, wenn er mit Maßband die Strecke zwischen

163

Gartenzaun und Hauseingang abgeht. Ha! Habe mir
daraufhin sofort meine Schneestiefel angezogen, die
Pudelhaube aufgesetzt, mein Maßband ergriffen und bin
auch hinaus. Gut, Ihnen kann ich es ja sagen: In Wahrheit war ich schon im Garten, als ich den Nachbarn zur
Rechten bemerkte. Sicher ist aber, dass der Nachbar zur
Linken, mutmaßlich durch das verräterische Vorgehen
von mir und dem Rechten aufgescheucht, nur Minuten
später, ebenfalls mit Maßband im Garten erschien.

Wir nickten einander freundlich zu, so wie jedes Jahr um
diese Zeit. Dann schlenderten wir unauffällig mit unseren Messgeräten rum, jeder jeweils die beiden anderen
scharf im Blick behaltend. Aha, aha. Der Linke glaubte
wohl, uns täuschen zu können, indem er schon nach zehn
Minuten pfeifend in sein Haus ging. Der Rechte blieb stehen und hantierte auffällig lange an seinem Vogelhaus –
ha, Freundchen, ich bin ja nicht blöd (und der Linke auch
nicht)! Wir steckten übrigens das jeweilige Revier ab
für die jährliche Gartenparade unserer Leuchtrentiere.
Dieses Jahr weiß ich nur eines: Volle Pulle! Und zwar ab
morgen (der Rechte und der Linke rechnen mit meiner
Leuchtorgie nicht vor dem Wochenende!). Rentierpapa,
-mama und drei Rentierkinder werden zentimetergenau
im Vorgarten platziert. Und als Trumpf: heuer erstmals
auch Rentieropa! Und sonst, nein, hab ich derzeit eigentlich keine anderen Sorgen.

Zurückwinken hilft. Wirklich!

Niemand versteht Trauer so gut wie kleine Kinder &
Hunde.

Binnen drei Wochen eine Geburt und ein Todesfall im
nahen Kreis. Das größte Glück und größtmögliches Leid,
so nahe aneinander. Ein Mensch kommt, ein anderer
geht. So einfach ist das. Wenn es nur so einfach wäre.

Kinder und Hunde haben offenbar den natürlichsten
Zugang zu großen Gefühlen. Wir Großen haben das
Natürlich-sein-Dürfen leider schon verlernt. Irgendwann, vermutlich als wir Kind waren und eine Gefühls-
wallung bekamen und irgendjemand sagte: „Das gehört
sich nicht!" Wann darf man weinen? Vor Glück immer,
vor Zorn eigentlich nie, denn das gehört sich nicht. Vor
Trauer? Steht nicht im Knigge, dort ist das Kapitel Trauer
diskret ausgespart.

Trauer zu zeigen gehört sich nicht, außer bei Kindern
und Hunden, denen egal ist, was sich gehört, die sich von
ihrem Empfinden leiten lassen. Wenn „seine" Menschen
traurig sind, legt der Hund den Kopf auf den Schenkel
des Menschen, der wohl gerade am traurigsten sein
muss. Der Hund weiß genau, dass er eigentlich nicht auf
das Sofa springen darf, um den Kopf auf den Schenkel

des traurigen Menschen zu legen. Wenn die Trauer größer ist als der Ärger um die Flecken auf dem Sofa, dann weiß der Hund auch das. Erstaunlich, der Hund, bei aller Trauer.

Das kleine Kind schaut in den Himmel. Ob A. jetzt auf einer Wolke lebt, will es wissen. Ja, bestimmt, er lebt bestimmt auf einer Wolke. Und was macht er da oben die ganze Zeit? Auf dich runterschauen, da wird ihm sicher niemals fad. Das kleine Kind winkt in den Himmel, aber A. winkt nicht zurück. Oder? Schau ganz genau, da hat sich was bewegt! Das kleine Kind schaut. Wirklich! A. winkt.

*Nicht wichtig,
aber lustig:*

Stars

*Angelina,
Madonna
und Co.*

Von Großmüttern und anderen Stars

Mit siebzehn wollte ich Kriegsbericht-
erstatterin werden. Mit neunzehn
Nachrichtensprecherin bei CNN. Mit
zweiundzwanzig war ich Chefredakteurin
einer Jugendzeitung ("Rennbahn-Express")
und schwanger mit meinem ersten Sohn.
Ich beschloss, das Kriegsberichterstatten
auf später zu verschieben und mich dem
Nächstliegenden zu widmen. Das waren
zum Beispiel Künstler wie Falco, Udo Jürgens
oder die Mitglieder der Rockgruppe AC/DC,
die in diesen Jahren häufig zu meinen
Interviewpartnern zählten.

Ich weiß nicht, wie viele Interviews ich schon
gemacht habe, wahrscheinlich Hunderte.
Bis auf ganz wenige Ausnahmen war jedes
einzelne spannend und einzigartig. Mit
Menschen zu reden, über Menschen zu
schreiben, ihre Gedanken und Gefühle in
Worte zu fassen, das ist es, was ich wahrscheinlich am besten kann.

Deshalb liebe ich meinen Beruf. Ich kann als Journalistin, zumindest theoretisch, mit jedem Menschen der Welt einen Termin bekommen und könnte diesen Menschen alles fragen.

Mit wem ich aktuell am liebsten reden würde?
1.) Angelina Jolie (und sie fragen, ob ihr Leben wirklich so anstrengend ist, wie es klingt)
2.) Madonna (und sie fragen, wie sie damit umgeht, dass ihre Tochter sie peinlich findet)
4.) Hillary Clinton (dreiseitiger Fragenkatalog)

Viel würde ich dafür geben, meine verstorbene Großmutter zu fragen, wie sie den Tod ihrer beiden Söhne, der Brüder meiner Mutter, eigentlich überlebt hat. Eine Menge Fragen hätte ich auch an meine verstorbenen Großväter, vieles, was ich mich zu ihren Lebzeiten a) nicht zu fragen getraut habe und b) auf später verschoben habe.

Kein Star-Interview der Welt kann so aufschlussreich sein wie das, was uns unsere Familien zu sagen haben oder zu sagen gehabt hätten. Nützen wir die Zeit mit denen, die uns am Nächsten stehen.

Erinnerungen an einen ...

Manchmal trifft eine öffentlich gemachte Todesmeldung mitten ins Herz. Auch wenn einem der Tote nicht persönlich bekannt war, er kein Weltstar war und er sich nicht für die Allgemeinheit aufgeopfert hat. Manchmal sind es nur die Erinnerungen an eine bestimmte Zeit, die man mit dem Namen eines Menschen verbindet.

Les Humphries, zum Beispiel, erinnern Sie sich? Les Humphries (67) war der Chorleiter der Les Humphries Singers, die, 1969 gegründet, Mitte der Siebzigerjahre zum erfolgreichsten Chor der Welt avancierten. Sie hatten Superhits wie „Mexico" und „Mama Loo", deren Texte zu hundert Prozent aus dem Wiederholen des Liedtitels bestanden. Ich weiß das zufällig genau, weil ich alle auswendig konnte.

Heute würde man sagen, ich war Fan, das wusste ich damals aber nicht. Immer, wenn ich aus dem Ferienlager der „Kinderfreunde" nach leidlich absolvierten Spiel- und Spaßwochen wieder heimdurfte, bekam ich eine Single der Les Humphries Singers. Einmal (Kinderfreunde-Camp am Millstätter See, wo ich aus Heimweh zu türmen versuchte) überreichten mir meine Eltern nach der Rückkehr eine Les-Humphries-LP. Sie müssen ein sehr schlechtes Gewissen gehabt haben.

Les Humphries, der vierzig Millionen Tonträger verkauft hat und zuletzt sehr bescheiden und einsam lebte, verstarb an einem Herzinfarkt. Nicht einmal seine Kinder erfuhren wochenlang von seinem Tod. Im Radio spielten sie im Anschluss an die Meldung „Mexico" und ich hatte die vielen bunten Chormitglieder vor Augen, wie sie beim Singen immer vorwärts und zurück trippelten. Und mich, wie ich vor dem Spiegel daheim das Gleiche tat und meinen mühsam geföhnten Pony schüttelte und davon träumte, „Mexicohohooo" einmal im Leben live schmettern zu dürfen.

Gut, nicht Angelina sein zu müssen!

Wäre ich jetzt in Cannes, da, wo jedes Jahr im Mai beim Filmfestival die Post abgeht, und trüge ich, sagen wir einmal, den Vornamen Angelina: Ich glaube, ich würde mich – Brad Pitt hin oder her – nicht beneiden. Sieht man sich die Star-Fotos aus Cannes so durch, drängt sich der Gedanke auf: Was für ein Glück, KEIN Star zu sein! Immer die Fotografen auf den Fersen, wobei es ja noch eine Gnade ist, sie nicht im Genick sitzen zu haben.
Das Leben als Weltstar muss mühsam sein. Welches der von den Designern zur Verfügung gestellten Kleider

ist für welches Fest zu strapazieren? Wer gewinnt die Schlacht um das tiefste Dekolleté und um die täglichen Gazellenbeine?

Brennende Fragen werden leider auch im Zuge der Pressekonferenzen nie beantwortet: Enthaart Angelina Jolie ihre Beine selbst und wenn ja, womit? Wie viele Stunden braucht man, um für den roten Teppich fit zu sein? Ich vermute so viele, dass, wenn man unten bei den Zehennägeln angekommen ist, man oben bei den Achselhöhlen wieder anfangen könnte. Gibt es Zicken-kriege um die Kleider? Oder läuft das alles automatisiert ab: Kandidatin Diane Kruger, blond, blaue Augen, wird für Party X in Schwarz von Chanel gesteckt; Kandidatin Jolie, Typ Exotin, harmoniert mit der Yacht-Einrichtung von Filmmogul XY in blassem Lila. Vielleicht werden die Angelinas dieser Weit längst nicht mehr gefragt, wie viele Kinder sie adoptieren müssen, um öffentlichkeits-wirksam glänzen zu können.

Große Lieben, schmutzige Scheidungen, Erkrankun-gen, Dramen, Glückseligkeiten. Vielleicht ist alles ja nur eine einzige große Show. Und ist es nicht ein herrliches Gefühl zu wissen: Es schadet nicht, die eigene Nassrasur auf morgen zu verschieben, und man liebt uns trotz-dem?!

Ich habe Madonna live gesehen

Auf einem Madonna-Konzert gewesen zu sein gehört irgendwie zur Allgemeinbildung. Also habe ich mich weitergebildet. Die Hand habe ich Madonna weder vor noch nach dem Konzert geschüttelt, aber ich kam ihr vor der Bühne so nahe wie möglich.

Hier meine kleine, fachlich abseits jeglicher musiktechnisch relevanten Kategorie befindliche Konzertkritik.

Erstens: Madonna sieht immer noch sensationell aus.
Zweitens: Madonna sieht immer noch sensationell aus.
Drittens: Also, sie sieht echt sensationell aus.
So, jetzt können wir ins Detail gehen.
Detail Nummer eins: Ihre Beine hätte ich auch gerne.
Dort, wo bei unsereins das laut Medizinbuch „von der Natur hinsichtlich des Dehnungseffektes bei Schwangerschaften weichere Gewebe der Frauen" mit der Schwerkraft kämpft, sitzen bei Madonna Muskeln. Und Muskeln. Noch nie habe ich Beine gesehen, die derartig nur aus Muskeln bestehen und trotzdem Beine geblieben sind.

Detail Nummer zwei: Ihre Oberarme hätte ich nicht so gerne (es sei denn, es gibt die Beine im Kombipack dazu, dann von mir aus). Übertrainiert, jede Sehne sichtbar. Man möchte von Madonnas Oberarmen nicht umarmt werden.

173

Detail Nummer drei (fast unwesentlich): Ihre neuen
Lieder sind nicht besonders, das macht aber nichts.
Madonna kann machen, was sie will. Ihre Bühnen-
präsenz, die Show, die Performance sind gewaltig. Und
ihr Fitness-Level lässt „Man könnte irgendwann einmal
eine Runde laufen gehen"-Weicheiern wie mir den Mund
vor Staunen offen stehen.

Und wissen Sie, was für meine musiktechnisch beschei-
denen Begriffe das Netteste an ihr ist? Dass Madonna live
genauso schlecht singt wie zum Beispiel ich, wenn ich
live singe. So gesehen haben wir ziemlich viel gemeinsam.
Wahrscheinlich ist sie eine Nette und hat Probleme wie
du und ich. Ihre Kinder finden sie peinlich und ihr Hund
speibt nachts auf den Wohnzimmerteppich. Sicher weiß
(der Teppich, meine ich). Wie sie die Flecken wohl raus-
bekommt? Ob es sie stört, wenn ich sie mal kurz anrufe?

Oscar versus Goldener Schneebesen

Wenn die Lichter ausgegangen sind, wenn alle Oscar-
After-Partys absolviert und alle Hände geschüttelt, alle
Wangen geküsst und alle Schultern geklopft sind, wenn
der glückliche Star mit seinem Oscar per Stretch-Limou-

sine in seine Millionen-Dollar-Hollywood-Villa chauffiert wird: Wo findet der Oscar dann seinen Platz? Der Ort, an dem ein Preis im persönlichen Umfeld deponiert wird, soll viel über den Charakter des Preisträgers aussagen. Manche deponieren ihre Preise auf dem Örtchen, was kokette Uneitelkeit signalisiert, manche möchten ihren Preis gern in den Himmel wachsen lassen.

Kenne einen Koch, der irgendwann mit dem „Goldenen Schneebesen" ausgezeichnet wurde und diesem Schnee-besen im Garten vor seinem Haus eine Hütte errichtet hat. Ab und an geht der Koch in seine Schneebesen-Hütte, doch was er dort mit dem Schneebesen treibt, wissen nur der liebe Gott, der Schneebesen und der Koch. Das wäre übrigens ein Drehbuch wert, fällt mir ein, „Der liebe Gott, der Schneebesen und der Koch" gäbe einen brillanten Filmstoff ab, den Koch könnte Wolfgang Puck darstellen (der Österreicher ist der offizielle Oscar-Koch), für den Schneebesen würde meine Wenigkeit zur Verfügung stehen, wenn ich das anmerken darf.
Falls ein für Kassenschlager aufgeschlossener Filmprodu-zent diese Zeilen liest, nur ein Satz: Ich gab 1976 bei einer experimentellen Schulvorführung einen ferngesteuerten Gartenzwerg, der mit monotoner Roboterstimme drei-zehn Mal „Ich bin der Ro-Ro-Roboter und heiße So-So-So-honja" sagen musste, und ein Kinderspiel ist so was nicht! Der Applaus war frenetisch, meiner Erinnerung nach.

175

Um auf die Oscars zurückzukommen: Generell bin ich der Meinung, dass man eher Menschen mit Preisen auszeichnen sollte, die große Erfindungen im Dienste der Menschheit gemacht haben; das böte ein weites Feld. Hat jemals beispielsweise der Erfinder von Nasen- und Ohrhaarschneidern, sogenannter „Nose-Ear-Hair-Trimmers", einen Preis bekommen? Oder der Erfinder des sich selbst reinigenden Windeleimers? Oder des batteriebetriebenen Maulwurf-Quälers, der Maulwürfe zum sofortigen Verlassen ihrer Wirkungsstätten zwingt? Eben.

Was Brad Pitt oder Angelina Jolie, gesetzt den Fall sie kriegen einen, mit dem Oscar anstellen, liegt auf der Hand: Sie werden ihn schnellstmöglich adoptieren, was dem Oscar mindestens den gleichen Stellenwert gibt, wie ihn der goldene Schneebesen in seiner Gartenhütte hat.

Wer ist Paris Hilton wirklich?

Wissen Sie, was das Beste an meinem Job ist? Dass wir Journalisten, Redakteure, Chef-Journalisten und Chefredakteure die Prominenten dieser Welt alles fragen dürfen, was wir wollen. Und wissen Sie, was das Seltsame ist? Dass das in der Praxis leider nicht geht.
Nehmen wir Paris Hilton, schrägste Stilikone des Erdenrunds, Vorbild für Millionen, die auch so schräg, so blond,

so reich, so unartig, so ... (tut mir leid, mir fällt zu Paris nichts mehr ein) ... die also auch so sein wollen. Meine einzige Begegnung mir ihr hatte ich im Vorfeld jenes Opernballes, bei dem sie Gast von Baumeister Lugner war, und ich wunderte mich sehr. Nicht über ihren Look (der fad war), sondern darüber, was das Gör für Superstar-Allüren an den Tag legte. Gemeines Pressevolk (vom Praktikanten bis zum Chefredakteur) wurde vor allfälligen Gesprächen mit Paris, Ihrer Heiligkeit, von einem Betreuerstab penibel instruiert, welche Fragen zulässig und welche pfui seien. Bei einer falschen Frage (huch!) riskierte der aberwitzige Schreiber seine sofortige Verhaftung.

Ich hätte Paris damals gern gefragt, ob sie flüssig bis zehn zählen kann (ihre Heiligkeit sagte aber dann alle Interviews ab).

Letzten Sommer sah ich während eines USA-Aufenthaltes Paris Hiltons Mutter. Zufällig, in einer Parkgarage. Ich hätte ein paar Fragen gehabt, fragte aber nichts. Ich war im Urlaub. So wird mir Paris bis ans Ende meiner Tage ein Rätsel bleiben, und nie werde ich erfahren, ob ich einem Irrtum aufgesessen bin, weil sie vielleicht in Wahrheit ja ein Blitzgneißerchen ist.

Ganz, ganz richtig:

Meine Leserinnen

Also Sie!

Das Schlaf–Hasi

Als mein jüngster Sohn sehr klein war, schrieb ich für eine Tageszeitung eine Kolumne. Täglich dreißig bis vierzig Zeilen über die aktuelle Weltlage. Dazwischen Privates aus dem Familienalltag. Mein kleiner Sohn war damals bei den Leserinnen bekannter, als mir selbst bewusst war.

Einmal, da war er fünf, stand ich mit ihm an der Kassa eines Schiliftes in Tirol. Die Dame hinter der Kassa erkannte mich, sah den Zwerg neben mir, sprang auf, schrie: „Des is da Kloane, mei, i werd varruckt!" Weitere Kassierinnen sprangen auf, zückten Handys und fotografierten, eine rief: „Hast dein Kuschelhasi wieder g'funden, Bubele?" (Tags davor schrieb ich, dass er sein Schlaf-Hasi verloren hatte.) Schifahrer, die mitgehört hatten, gruppierten sich neugierig um uns. Sicherheitshalber fotografierten einige.

Mein Sohn blickte mich grimmig an, sagte: „Und DU sagst immer, das liest doch sowieso kein Mensch!" und stapfte davon.

Ich schreibe seither verschlüsselter.

Zumindest manchmal. Ein bisschen.

SALE, rein beruflich bitte!

Ausverkaufs-Recherchen in der Moderedaktion: Meine Kolleginnen C. und J. verbinden eine vergnügliche Schnäppchenjagd in der Wiener City gleich mit einem Fototermin, was den Vorteil birgt, dass Einkaufen jetzt offiziell unter Arbeit fällt. Falls Sie jetzt denken, Mode-redakteurinnen haben einen Traumberuf, darf ich dazu anmerken: Genau so ist es.

Am frühen Nachmittag kehren unsere Ausverkaufsteste-rinnen erschöpft, aber glücklich in die Redaktion zurück und breiten ihre Beutestücke aus: Eine wunderschöne schwarze Ledertasche mit goldenen Schnallen (Kommen-tar der neuen Besitzerin: „Kann man immer brauchen"). Eine Abendtasche aus rosarotem Kroko-Imitat, sehr „Sex and the City" (Kommentar von drei umstehenden Kolle-ginnen: „Kann man immer brauchen!"). Eine weiße, gut geschnittene Hose (Kommentar von mir: „Kann man im-mer brauchen!"). Eine schwarze, gut geschnittene Hose (ich höre Sie, ja SIE, jetzt aus dem Off sagen: „Die kann man aber WIRKLICH immer brauchen!").

Knapp bevor ich ansetze, diese Zeilen in die Tasten zu jagen, ruft meine Mutter an, um mitzuteilen, soeben wunderbare Schuhe im Abverkauf um die Hälfte redu-ziert erstanden zu haben. Es kam, wie es kommen musste:

„Die kann man immer brauchen."

Nach Redaktionsschluss werde ich eine Stunde in die Stadt gehen, mich ein bissl umschauen. Es ist sehr unwahrscheinlich, dass ich nichts finden werde, was man immer brauchen kann.

Streng vertraulich!

High Noon im Büro. Eine Freundin ruft an. Ob ich kurz Zeit hätte. Sie sei gerade auf Urlaub, an der Côte d'Azur. Und sie hätte dort einen Mann kennengelernt, der Typ sei mit Gold nicht aufzuwiegen. Fein, sage ich, und dass ich im Büro und in Verzug bin und beste Wünsche übersende, und im Übrigen möge sie um diese Tageszeit doch bitte jemand anderen mit ihrem Liebesleben belästigen. Tschüssi!
Neeeein, so sei das nicht gemeint, brüllt die Freundin in die Leitung, es sei quasi überlebenswichtig. Aha, na dann.

Dieser Mann, sagt meine Freundin, sei sowieso schon in ganz Wien und weit darüber hinaus bekannt (sie nennt jetzt einen Namen. Nie gehört.). Bekannt dafür, auf, äh, nicht ganz legale Weise, also sagen wir auf Umwegen, zu, äh, Markentaschen zu kommen, die normalerweise sehr viel Geld kosten. Und ob mein Telefon eigentlich abgehört würde?

Spinnst du?, sage ich, du hast einen Straßenhändler kennengelernt, der billige Kopien verkauft, die gäbe es auf jedem Strand der Welt zu Dutzenden. Ich sei ganz schön blöd, sagt meine Freundin, und dass ich keine Ahnung hätte. Pah, Straßenhändler! Der Typ hätte eine Kundenliste, dass ich mit den Ohren wackeln würde! Frau Sowieso und Frau Auchdabei, zum Beispiel, beliefere er regelmäßig. Wenn du willst, raunt meine Freundin mit komischer Stimme (ich glaube, sie spricht in ein Taschentuch, für den Fall, dass wir abgehört werden), stelle ich dir den Kontakt her, aber wenn's dich nicht interessiert …

MOMENT! Das hab ich nicht gesagt! Ich bin, äh, nicht ganz uninteressiert. Für den Fall, dass wir abgehört wurden: Es handelte sich bei dem Telefonat gestern Mittag um 12 Uhr 21 um eine rein berufliche Recherche mit unserer Außendienststelle an der Côte d'Azur.

Gleich schreibe ich Ihnen was!

Du musst deine Kolumne noch schreiben, lässt mir unsere Chefin vom Dienst über eine Mittelsperson ausrichten. „Gleich", sage ich. „Sie schreibt gleich", gibt die Mittelsperson an die Chefin vom Dienst weiter und richtet

183

kurz darauf aus, die Chefin vom Dienst möchte wissen, was mit gleich gemeint sei. Na gleich! Gleich ist gleich, was denn sonst?

Nicht sofort und nicht später. Sondern dazwischen, also gleich. Gleich ist zwar unverbindlicher als jetzt, aber immerhin verbindlicher als dann. Wenn jemand sagt, „ich schreibe dann", kann das alles heißen, nur nicht, dass er es wirklich tut. Dann ist genauso unverbindlich wie vielleicht. Ich aber habe gleich gesagt. Gleich, gleich, gleich! Gleich ist mutiger als dann, gleichbedeutend mit: Ja, gewiss doch, ich beeile mich, verdammt, ich tu ja schon! Theoretisch zumindest.

Gleich ist zufällig auch das Lieblingswort aller Kinder, die ich kenne. Sie kennen wahrscheinlich andere Kinder als ich, aber die Kinder, die ich kenne, sagen immer und auf alles: Gleich. Kommt ihr jetzt endlich essen? Gleiheich! Warst du schon am Klo? Gleich. Wer geht mit dem Hund raus? Gleich. Das Haus brennt, alle raus! Gleich. Ich ziehe jetzt aus und komme nie mehr wieder! Gleich.

Gerade fällt mir auf, dass mein Leben deshalb relativ vorhersehbar ist. Wenn ich als Hundertjährige meine dann zwischen 78 und 59 Jahre alten Kinder zum Essen rufe, werde ich immer noch ein, wahrscheinlich stimmlich gebrochenes, GLEICH! hören, worauf ich WAS?! brüllen

werde (weil ich dann schwerhörig bin), worauf wieder
einer GLEICH krächzt. Sicher der 78-Jährige, der ist am
höflichsten. Das heißt, unsere Konversation wird sich in
Zukunft auf GLEICH! und WAS? beschränken. Betrüb-
liche Aussichten. Ich hätte heute gleich nicht aufstehen
sollen.

Hallo? Hallo? Wer spricht da?

Kurz wird einem ganz schlecht, wenn man die neue
WHO-Studie liest, die besagt, dass ein Zusammenhang
zwischen Handystrahlungen und Gehirntumoren jedenfalls nicht auszuschließen sind. Andere Wissenschafter
kritisieren diese Studie, warum nur sind uns die gleich
sympathisch?

Handy-Krieg der Wissenschafter. Handystrahlen machen uns krank, im schlimmsten Fall gleich sterbens-
krank, sagen die einen. Panikmache, sagen die anderen.
Im Zweifelsfall gibt das Bauchgefühl Ersteren recht,
und während der kluge Bauch so vor sich hinfühlt – da
summt es leider schon wieder. Jemand sagt, dass er
gerade um die Ecke ist und jetzt auf einen Sprung vorbei-
kommt, ob das eh okay sei? „Leider", sagt man zu dem, der
um die Ecke biegt. „Ich bin derzeit gar nicht da." „Schade",
sagt der andere, „wäre praktisch gewesen." Sehr schade,

185

ja. Braves Handy. Beinahe möchte man das Teufelswerkzeug streicheln.

Die Zeit, in der es unser Leben noch nicht dominiert hat, muss trotzdem nicht die schlechteste gewesen sein. Weißt du noch, damals, als die Frau vor dem Kühlregal im Supermarkt noch nicht ihren Mann vor dem Gemüse angerufen hat, um ihn an den Schnittlauch zu erinnern? Die Menschen redeten persönlich miteinander, die Scheidungsrate war niedriger, die Geburtenrate höher, Verabredungen wurden eingehalten, und man musste sich nie sagen lassen: „Du warst schon wieder stundenlang nicht erreichbar, dein Handy ist eine Katastrophe!" Da hört sich nämlich der Spaß auf. MEIN Handy ist keine Katastrophe, höchstes deines, DU hast nie Empfang.

PS: Früher hat man sich auch über andere Sachen gestritten, glaube ich.

Heute keine E-Mails mehr ...

Am gefährlichsten sind immer jene E-Mails, die besonders harmlos wirken. Deshalb öffnet man sie auch zuerst. Man denkt, die Sache ist schnell erledigt. Öffnen, durchsehen, löschen, nie mehr daran denken. Also öffnete ich die E-Mail vom neuen Direktor der Schule meiner Tochter zuerst. Sicher, so dachte ich mir, wolle er sich nur per Rundschreiben vorstellen und allen Eltern einen schönen Tag wünschen. Dann stand da: „Liebe Frau Fellner! Ich muss Ihnen leider mitteilen, dass das Verhalten von Igor mittlerweile untragbar geworden ist. Ich ersuche Sie um einen dringenden Termin, um Lösungsvorschläge zu erarbeiten. In Erwartung Ihrer baldigen Antwort …"

Ratlosigkeit machte sich in mir breit. 1.) Wer ist Igor? 2.) Entweder verwechselte mich der neue Direktor mit Igors offenbar bedauernswerter Mutter, oder er verwechselte meine kreuzbrave Tochter mit einem Rabenbraten namens Igor. 3.) Möglicherweise lag keine Verwechslung vor, und der Direktor wollte einen allgemeinen Elternrat einberufen, um Igors Verhalten zu diskutieren.

Letztere Möglichkeit ließ in mir innere Abwehr keimen. Ich will für Igor jetzt und in Zukunft definitiv nicht zuständig sein. Um 16.05 Uhr mailte ich dem Direktor: „Lieber Herr X., Igor ist mir zwar nicht bekannt, aber lassen Sie mich wissen, wenn Sie etwas brauchen. Liebe Grüße …" Um 16.20 mailte der Direktor zurück: „Liebe Frau Fellner! Es tut mir leid, hier lag offensichtlich eine Verwechslung vor. Das Verhalten Ihrer Tochter Emilia ist tadellos und hat natürlich nichts mit Igors Angelegenheiten zu tun. Emilia ist ein entzückendes

Mädchen, bitte grüßen Sie sie lieb von mir." Das will ich selbstverständlich tun, sollte ich Emilia je kennenlernen dürfen.

Ich bin der Gerätetod

Sie haben vielleicht schon mitbekommen, dass die moderne Technologie nicht entscheidend zu meinem Wohlbefinden beiträgt. Das Techno-, Elektro- und Digitalzeugs um mich herum mag mich nicht. Ein Toaster verursachte einmal einen Kurzschluss, von dem das ganze Viertel betroffen war, als übereilte Reaktion auf mein harmloses: „Jetzt werde ich mal den Toaster in Betrieb setzen."

Besonders störrisches Verhalten legen Laptops an den Tag. Manche beginnen zu zischen, andere zu surren, einer fing zu brennen an, und gestern kippte mein Laptop um und war tot. Herzinfarkt. Was hätte ich tun sollen? Ich griff zum Gerät eines Kollegen, drückte ein bisschen darauf herum, worauf der Befehl aufblinkte: „Geben Sie Ihren PUK-Code ein." PUK-Code? Ich fragte den Kollegen nach seinem PUK-Code. („Duhu, kannst du mir schnell deinen PUK sagen?")

Daraufhin traten der ansonsten friedlichen Person die Augen aus den Höhlen und der Schaum in die Mundwinkel und sie stieß ein „Bist du wahnsinnig, was hast du mit meinem Laptop gemacht?" hervor.

Eigentlich nichts, nur offenbar drei Mal den falschen PIN-Code eingegeben. Jetzt muss beim Hersteller in Nordkorea nachgefragt werden, wie man die Daten runterbekommt, bevor man das Gerät leider verschrotten wird müssen.

Im Übrigen werde ich den Eindruck nicht los, dass mich mein Umfeld tuschelnd als Gerätetod bezeichnet. Manche raffen panikartig ihre elektronischen Apparate an sich, wenn ich zufällig vorbeikomme. Dabei will ich nichts Böses. Nur auf dem einen oder anderen Handy oder Laptop oder so ein wenig fummeln, weil bei mir wieder einmal nix funktioniert. Harmlos, glaubt mir, Leute, völlig harmlos!

Wer ist Wuschel?

Was ich ziemlich sicher weiß, ist, dass SMS über Telefonleitungen geschickt werden oder über Satelliten oder Antennen oder ... Also ich weiß nicht genau. Jedenfalls muss um Weihnachten herum am Himmel eine Art SMS-Chaos gewesen sein. In meinem technischen Unverständnis stelle ich mir das so vor: Millionen von SMS-Nachrichten kreisen suchend herum, krachen

189

zusammen, stürzen ab, kriechen in richtige oder falsche Leitungen, und das, was dabei herauskommt, liest sich dann in etwa so wie auf meinem Handy, zwei Tage nach dem Heiligen Abend: Mein Wuschel! Ich danke dir von Herzen für dieses wunderschöne Geschenk! Ich liebe dich über alles, das werden unsere letzten getrennten Weihnachten, versprochen. Deine Schmatzi.

Definitiv war ich nicht gemeint. Kenne keine Schmatzi. Mein Mann auch nicht. Natürlich prüfte ich das, indem ich ihn mitten in der Nacht wachrüttelte und „Hallo Wuschel, hier ist Schmatzi!" brüllte, um seine Reaktion zu testen. Er fragte mich, ob ich besoffen wäre, woraus ich schloss, dass er nicht Wuschel ist und keine Schmatzi kennt. Natürlich überlegte ich, Schmatzi anzurufen und über den Irrtum aufzuklären, dann genierte ich mich aber. Was hätte ich sagen sollen? „Hallo, spricht dort Schmatzi? Ich wollte nur sagen, äh, ich bin nicht Wuschel ..."
Ich schickte also eine SMS mit dem sachlichen Wortlaut: „Achtung, Ihre SMS wurde fehlgeleitet." Darauf erfolgte acht Stunden keine Reaktion, anscheinend war Schmatzi peinlich berührt. Und dann kam die Antwort: „Mischen Sie sich gefälligst nicht ein!"
Werte Schmatzi also, falls Sie diese Zeilen lesen: Nichts liegt mir ferner, als mich einzumischen, Sie und Wuschel sind mir komplett wurscht! Und ich kann ÜBERHAUPT NICHTS DAFÜR! Kapiert? Ihre Wuschel, ich meine Uschel.

Von nichts eine Ahnung

Dunkle Wolken ziehen auf. Der Lieblingskollege schmollt. Patzige Antworten, generell gekränkter Tonfall. Keine Ahnung, welche Laus die Diva heute plagt. Außerdem: Der Lieblingskollege schaut aus wie das blühende Leben, also muss man sich mit seinen Befindlichkeiten nicht zur ärgsten Produktionszeit auseinandersetzen.

Wenn der Lieblingskollege schmollt, ist er besonders anhänglich. Jetzt nähert er sich mit gefährlicher Bestimmtheit meinem Arbeitsplatz, eine Liste in der Hand. „Du, wir müssen dringend ..." „Bitte!", sage ich, „jetzt ist grad ganz schlecht." Er geht, wortlos. Das spricht für einen hohen Gekränktheits-Grad. Auf der zehnteiligen Gekränktheits-Richterskala liegt wortloses Abgehen auf Platz 8.

Rufe den Kollegen an. So von Zimmer zu Zimmer zu reden hat was Unverbindlich-Vertrautes. „Was ist los?", frage ich. „Nix", sagt er. „Also komm schon", sage ich, „was habe ich gesagt oder getan?" Schweigen am anderen Ende. „Sprich!" „Gut, ich komm rüber", sagt der Kollege. Na, Hallo! Da ist er ja schon. „Du kriegst echt nix mit", sagt er spitz. Wieso, warum, was soll ich mitkriegen? Es ist Dienstag, 14.27 Uhr, bis zum Druckschluss fehlen ein paar schöne Seiten, würde ich sagen. Und sonst krieg ich noch mit, dass der Sack mit den Trüffel-Eiern auf meinem Schreibtisch leergefressen ist. Mein Gürtel spannt, das krieg ich auch noch mit. „Ich habe zu Rauchen aufgehört, und du hast es nicht einmal bemerkt", sagt der Kollege. „Aber jetzt bin ich darüber weg." Hä? Über was hinweg?

Egal. „Das habe ich mir schon gedacht", sage ich, „du schaust fantastisch aus! Ein Traum!" Jetzt grinst er sein berühmtes Hutschpferd-Grinsen. Und zückt seine Liste. Das Leben, auch das nikotinfreie, ist keine Kinderjause.

Liebe Leserinnen! Das hier ist nur für Sie bestimmt...

Nun ist es an der Zeit, dass wir endlich ehrlich miteinander reden. Sie alle und ich, jedenfalls ich mit Ihnen. Die Wahrheit ist nämlich: Ich schreibe zwar regelmäßig über ganz normale Themen, Kinder, Männer, Liebe, Beruf, die ganze Palette. Aber ich schrieb bisher nicht, welche Rolle die ganz normale Lüge im Leben jeder ganz normalen Frau spielt. Ich müsste jetzt lügen, würde ich sagen: eine untergeordnete. Natürlich lügen wir (oder zumindest ich, Sie lügen ja vielleicht gar nicht) nicht mit betrügerischer Absicht, wir (zumindest ich) lügen vielmehr, um erstens die Belogenen vor der Wahrheit

192

zu schützen. Und zweitens um uns (mich) vor uns selbst (mir) zu schützen.

Nehmen wir ein Beispiel: Will gerade mal wieder drei Kilo abnehmen, um in ein Ballkleid zu passen, dessen Oberteil beim Schließen etwas klemmt. Die Wahrheit ist: Der Zipp klafft drei bestürzende Zentimeter weit auseinander, das kann ich für heuer vergessen. Die Lüge, die ich mir und allenfalls an der Thematik Interessierten auftische, lautet: Schaff ich locker, mit ein bisschen Bewegung. Die Wahrheit ist: Bewege mich bestenfalls zwischen Schreibtisch und Schreibtisch und Kantine und Schreibtisch hin und her. Die lässig aus dem Ärmel geschüttelte Lüge: Morgen fange ich endlich mit Pilates wieder an. Weil Sie aber zu den Letzten gehören, die ich anlügen würde: Stimmt gar nicht! Morgen habe ich keine Zeit. Die Wahrheit ist: Übermorgen fange ich an. Die Wahrheit ist außerdem: Habe heute den ganzen Tag nur dürftig genascht, was sich gut zur Tatsache fügt, mich nur dürftig bewegt zu haben (aber vor dem Schlafengehen mache ich 30 Sit-ups, das ist die Wahrheit und nichts als die Wahrheit. Also 15 mindestens). Außerdem der Wahrheit entsprechend: Hungrig schreibt es sich nicht gut. Also köpfte ich vor dem Schreiben dieser Zeilen in meinem Büro einen alten Schoko-Nikolaus, fraß ein wenig an ihm herum und warf seinen Rumpf in den Papierkorb. Dann schrieb ich. Dann fiel mir der sinnlos

193

im Papierkorb dümpelnde Rumpf des Schoko-Nikolaus wieder ein. Dann legte ich einen Teil meiner Würde beiseite. Dann ging ich auf die Knie und suchte in den Tiefen meines Abfalls nach dem Rumpf des Nikolaus. Dann ging die Tür auf und jemand fragte: „WAS MACHST DU DA?" Dann rief ich: „NICHTS!" Hätten Sie an meiner Stelle die Wahrheit gesagt?

Klorollen-Männchen im Büro

In meinem Büro, auf dem Schreibtisch, rechts neben dem Computer und gut einsehbar für alle, steht eine Klorolle. Sie ist mit rosa Krepp-Papier beklebt, hat einen Styropor-Kopf und gelbe Wollhaare. Die Klorolle bin ich, sagt mein kleiner Sohn. Gleich links neben dem Computer, gut einsehbar für alle, steht noch eine Klorolle, die ist ein Schwein. Der Unterschied zwischen mir und dem Schwein mag für Außenstehende marginal sein, ich erkenne die feine Handschrift dahinter. Wie alle Eltern verstehe ich keinen Spaß, wenn es um die Kunst meines Kindes geht. Es hat die Klorollen ganz alleine gemacht (naja, fast alleine). In seinem Alter! Nicht schlecht, was?

Komischerweise werden die Klorollen von Menschen, die mein Büro betreten, ignoriert. Noch keiner hat bisher gesagt: „Gott, wie toll! Ein Klorollen-Männchen!" Das bringt mich auf die Idee, hier einmal den richtigen Umgang mit Menschen zu erklären, die auf ihrem Schreibtisch Klorollen-Männchen haben. Also: Diese stümperhaft zusammengeklebten Dinge zu ignorieren ist nicht nett. Sagen Sie doch zu dem mit dem Klorollen-Männchen einfach ein paar aufmunternde Worte. Etwa: „Oh, das hat bestimmt dein Kind gemacht! Total begabt!" (Die Lobesskala ist nach oben offen.) Der Mensch wird freudig nicken, und das Thema ist vom Tisch (und Ihnen fällt doch kein Stein aus der Krone, oder?). Aber bitte sagen Sie nicht einfach NICHTS. Der Mensch mit der Klorolle auf dem Schreibtisch glaubt sonst, Sie lachen heimlich über ihn. Er denkt, Sie schütten sich aus vor Häme, sobald Sie außer Sichtweite sind („Pruhaha, hast du gesehen, was die auf ihrem Schreibtisch hat, unglaublich!").

Also ich persönlich finde ja, dass meine Klorollen cool aussehen, und niemals käme ich auf die Idee, sie in die Lade mit den zirka 63 anderen zu legen, weil diese nämlich nicht mehr zugeht. Außerdem kontrolliert das Kind regelmäßig die Präsenz seiner Rollen. Es ist übrigens entsetzlich kreativ. Eben hat es angerufen und ein neues Kunstwerk angekündigt. Ein Klorollen-Gnu. Soll hübsch sein. Ich darf es mir auf den Computer kleben, sagt das Kind, aber so, dass es jeder sieht, es sei quasi ein Meisterstück. Also bitte: Sagen Sie doch einmal was.

195

Alltag in einer Tageszeitung

Ist Ihnen auch schon aufgefallen, dass es so etwas wie Modewörter der Saison gibt? Meiner Beobachtung nach sind das aktuell die Begriffe „voll", „Oida" und „Tofu". Letzteres hängt mit unserer Redaktionskantine zusammen, die täglich ein Tofu-Gericht anbietet.

Während meiner Laufbahn als Chefredakteurin einer großen Tageszeitung war mein persönliches Wort der Saison gleich ein ganzer Satz: „Wer macht den Keller?" (alternierend mit „Verdammt, wer macht den Keller?" oder „Der Keller ist noch nicht gemacht, wer macht ihn?").

Zum besseren Verständnis: Der „Keller" ist auf einer Tageszeitschriftenseite das Element ganz unten, im Keller eben. Unverständlicherweise ist aber NIE jemand für den Keller zuständig, was unsere resolute Chefin vom Dienst täglich mehrmals zu einer in den Raum gebrüllten Frage (siehe oben) animierte.

Falls Sie sich bei einer Tageszeitung bewerben möchten, betonen Sie bitte, dass Sie Kellerelemente mögen und gerne bis ans Ende Ihrer Tage den Keller machen würden. Sie haben den Job sofort (und fühlen sich danach einfach nicht mehr für den Keller zuständig).

„Wer macht den Keller?" hat sich mir so eingeprägt, dass ich auch in arbeitsfreien Zeiten nachts gelegentlich meine Mitbewohner schrecke, indem ich „Wer macht den Keller?" brülle und mich ruhelos wälze, was damit zu tun hat, dass sich nicht einmal im Traum einer findet, der den Keller macht.

Und dereinst, wenn am Ausgedingebänkchen die Sonne meine gichtigen Finger wärmt, die eine Handy-Attrappe umklammern, wird das Ding zu schrillen beginnen, und meine dann 98-jährige einstige Chefin vom Dienst wird brüllen: „Du hast schon wieder auf den Keller vergessen, verdammt, wer macht den Keller?" Und wieder werde ich es nicht wissen, weil noch immer keiner zuständig ist.

Und dann
wäre da noch:

Wegen

Urlaub

geschlossen ...

Ich gebe Ihnen jetzt einen guten Rat:

Machen Sie möglichst nicht dort Urlaub, wo ich bin, denn wo ich bin, ist schlechtes Wetter. Beziehungsweise wenn ich komme, wird das Wetter schlecht. Eine Art Naturgesetz.

Ohne größenwahnsinnig klingen zu wollen: Ich glaube mittlerweile, das Wetter wird extra für mich gemacht.

Also, Leute, meidet mich im Urlaub weitläufig, es sei denn, ihr steht auf einzigartige Kälte-wellen, peitschende Regenrekorde und Schneekatastrophen im Hochsommer.

Im Juli plane ich übrigens einen Griechenland-Aufenthalt (gegen eine kleine Gebühr bin ich aber gern bereit, mich von anderen Sonnenzielen überzeugen zu lassen).

Bei Winterware jetzt zugreifen!

Dort, wo sich die meisten Menschen, die ich kenne, derzeit aufhalten, hat es 30 Grad im Schatten. Sahara-Hitze, Hundstage, heiß halt. Den meisten Menschen, die ich kenne, steht der Sinn jetzt nicht nach Winter. Das sollte er aber, denn was ein braver Konsument ist, der trägt JETZT, Mitte Juli, seine Siebensachen für die Eiszeit zusammen. Ist man säumig und wartet bis – sagen wir – Anfang August, riskiert man Beton vom Verkaufspersonal: „Wir sind schon sehr ausgesucht. Sie sind ein bissl spät dran. Die meisten Kunden kommen Anfang Juli."

Wer Mitte Juli, also immerhin noch fast neun Wochen vor Herbstbeginn, ein warmes Teil ergattert, nimmt die Ware also tunlichst auf dem Bauch liegend und rückwärts aus dem Laden robbend entgegen. Dem Verkäufer die Füße zu küssen ist keine schlechte Idee, und ein demütig gemurmeltes „Es wird nie wieder vorkommen, dass ich so spät dran bin wegen meinem Wintermantel, bitte um Vergebung" schadet nie.

Letzte Woche dann – ich befand mich noch im Süden – in einem netten kleinen Laden einen netten Wintermantel entdeckt (das Problem mit netten kleinen Läden im Süden ist, dass auch diese im Juli längst keine netten Sommerkleider mehr, sondern nette Winterware anbieten).

201

30 Grad raubten mir aber die Probierlust, und ich fügte noch die unbedachte Äußerung „Dafür ist es mir zu heiß" an. Zack, Beton. „Der Mantel ist der letzte, dieses Modell ist schon seit Wochen in ganz Europa ausverkauft." Aha, mhm, soso. „Ich nehme doch lieber einen Bikini", sagte ich versöhnlich, aber leider wurde die Verkäuferin daraufhin ohnmächtig vor Schreck, denn so was hatte hier noch keine zu sagen gewagt, wo Bikinis doch – Gott sei bei uns! – seit Jänner aus sind.

Fliegen Sie auch so gerne?

Bei mir ist es so: Sitzt in einem Flugzeug nur ein einziger Psychopath, dann sitzt der sicher neben mir. Glaube, dass das vereinigte Flugpersonal dieser Welt mittlerweile gezielt vorgeht. Vielleicht bin ich schon weltbekannt als diejenige, die gefahrlos jeden Irren erträgt. Wenn der Pilot zum Beispiel sorgenvoll zu seiner Bord-Chefin sagt: „Also, da hätten wir mal wieder einen schweren Fall zu platzieren", ruft diese froh: „Kein Problem! Wir haben ja Frau Fellner hier bei uns!" – Dann atmen beide zischend aus.

Langstrecke zurück nach Wien. Das Schicksal wuchtet sich in Form eines lauten Amerikaners um die sechzig neben mich. Er zückt sein Handy und brüllt hinein:

„Betty, Darling, wir sind noch am Boden! Gleich geht es los! Mir geht es gut, ich bin okay! Ich fühle mich großartig! Lass Sam und Dan von mir grüßen! Sag ihnen, es geht mir gut!"

ln mir keimt ein grausamer Verdacht, der sich jäh erhärtet: „Betty, Darling", brüllt mein Nachbar, „mach dir bloß keine Sorgen. Ich sagte schon, es geht mir gut. Und meine Nachbarin wirkt ausgesprochen nett!" Der Mann hat offenbar Flugangst.

Ich bin nicht nett. Ich werde mich taubstumm und autistisch stellen. Taubstumme Autistinnen findet niemand nett. „Betty, Darling", brüllt mein Nachbar, „gleich geht's los, wir sind bereit!" Wir? Er legt auf. Und streckt mir seine Pranke hin: „Dan Meyers" (oder Sam Weyers, was weiß ich), „mein Flugangst-Seminarleiter hat mir versichert, dass man in Flugzeugen die wunderbarsten Freundschaften schließen kann."

Ich sage nichts. Autisten sagen in solchen Momenten nichts. Dan oder Sam schaut mich fröhlich an. Gleich wird er eine Partie pokern wollen. Ich sage: „Verzeihen Sie, aber ich bin leider krank."

Nächstes Mal fahre ich mit der Bahn.

Kein Mensch braucht Internet

Bin in den Bergen und habe alles, was ich brauche. Außer Internet. Dafür reine Luft und klares Wasser. Eine funktionierende Internetverbindung wäre die Krönung, deshalb stieg ich heute talwärts zum örtlichen Elektrohändler. Der Herr dort riet mir, wieder talaufwärts zu steigen und die Servicenummer des Netzanbieters anzurufen. „Bitte", sagte ich, „haben Sie nicht einen kleinen Tipp?"

Der Elektrohändler fragte mich, welchen Anschluss ich hätte. Jetzt gab ich die blödeste Antwort, die man vielleicht geben kann: „Einen normalen halt", sagte ich, „der aber nicht funktioniert." „Alles klar", sagte der Mann, „dann haben Sie vermutlich Breitband, mit 99-prozentiger Bevölkerungsabdeckung landesweit HSDPA oder HSUPA"? „Wie bitte?", fragte ich schwach. „HSDPA", sagte der Mann, bietet Spitzenleistungen von bis zu 7,2 Mbit/s im Download, während HSUPA mit bis zu 1,4 Mbit/s schnelles Upload garantiere. „Aha", sagte ich, „danke für den Tipp."

Dann rief ich die Servicenummer des Netzanbieters an. Bereits nach vierzig Minuten meldete sich jemand. „Bitte", sagte ich, „mein Internet funktioniert nicht. Können Sie jemanden schicken?"

Ich stellte Jausenbrot in Gesellschaft gutmütiger Alm-
tiere in Aussicht. Der Mann fragte, ob ich einen Spezial-
Servicevertrag hätte. „Ich habe keine Ahnung", sagte
ich, und dass ich sofort alles unterschreibe, wenn er
nur jemanden schicke! „Das sei blöd", sagte der Mann,
ohne Spezial-Servicevertrag, der sich in meinem Fall
aber auszahlen würde, ließe sich vor dem 17. August
2018 zwischen 13 und 15 Uhr nichts machen. Ich stieg
dann wieder bergaufwärts und diktierte an einen Steil-
hang gepresst, dem einzigen Punkt der Alm, wo ich kein
Funkloch hatte, weinend eine Kolumne in mein Handy.

Liebe Grüße aus dem Urlaub

Das Schönste am Urlaub ist die Vorfreude. Im Urlaub,
so denkt man, wird alles friedlicher, relaxter, besser.
Unser Reisegrüppchen umfasst zwei Senioren über
Siebzig, vier rüstige Fast-Jugendliche zwischen vierzig
und fünfzig, vier taufrische Menschen um die zwanzig,
zwei quecksilbrige Zehnjährige und einen Dreijährigen.
Macht 13 starke Persönlichkeiten – mit nur einem Dach
über dem Kopf. Eigentlich sollten wir ein Transparent
hissen, auf dem „Vorsicht, explosiv!" steht. Aber wir kriegen das schon hin, die Zauberformel heißt „Rücksicht-
nahme auf persönliche Bedürfnisse". Die Senioren haben
das Bedürfnis nach Ruhe. Die im besten Alter haben das

Bedürfnis, die Insel zu erkunden. Die Jugendlichen haben das Bedürfnis, von denen im besten Alter in Ruhe gelassen zu werden. Die Zehnjährigen haben ein ausgeprägtes Spaßbedürfnis. Der Dreijährige hat das Bedürfnis nach einem ekelhaften grünen Schleimball. Ein Schleimball ist ein klebriges Ding, das man auf Menschen oder Gegenstände wirft. Trifft man sein Ziel, zum Beispiel einen der Senioren, ist höchster Spaßfaktor garantiert, weil der Senior dann: „Pfui Teufel, hör sofort mit dem Unsinn auf!" brüllt.

Erfunden wurden Schleimbälle von einer im Untergrund arbeitenden Expertengruppe, die von kinderlosen Menschen hoch dafür bezahlt wird, am laufenden Band Abscheulichkeiten zu erfinden, die Menschen mit Kindern den Urlaub verderben. Irgendwer hat dem Dreijährigen an einem Kiosk einen Schleimball gekauft, und das Schicksal, vermutlich in Gestalt eines der Senioren, raffte ihn grausam hinweg. Seither bewegt sich der Dreijährige am Rande einer ernsten Depression. Ein Leben ohne Schleimball, hat man sich erst einmal daran gewöhnt, ist sinnlos, leer und unter jeder Würde. Und ansonsten finde ich, wie schon erwähnt, die Vorfreude auf den Urlaub sehr erholsam.

Nach dem Urlaub ist alles wie vor dem Urlaub …

… außer dass man nach dem Urlaub noch mehr Lust auf Urlaub hat.

Zurück aus dem Urlaub, stürzt man mitunter in eine Sinnkrise. Weil man findet, Besseres verdient zu haben, als Lebenszeit mit Geldverdienen zu verplempern. Da mein Plan, eine mehrjährige Auszeit zu nehmen, die Kinder auf einem in der Ägäis gaukelnden Kahn zu unterrichten und fortan schlicht, aber glücklich vom Fischfang zu leben, in der Familie gering geschätzt wurde („Krass durchgeknallt, Mama?"), ordne ich mich aber großmütig den Sachzwängen unter.

Eines der grausamsten Rituale nach dem Urlaub ist, sich Urlaubsgeschichten anzuhören und mit müdem „Toll!", „Super!", „Wahnsinn!" kommentieren zu müssen. Kollegin A. töpferte drei Wochen in der Toscana vor sich hin („Toll!"), Kollege E. besuchte einen „Vergebungs-Workshop" im ligurischen Apennin („Häh? Ah, toll!") und beteuert, dabei frühkindliche Kränkungen überwunden zu haben. Ich gratuliere ihm dazu herzlich und überlege, ab wann man eigentlich zu alt ist, um alles, was schiefläuft, auf die Eltern abzuwälzen.

Angenommen, meine in ihren Endsechzigern befindlichen Kinder bauen sich später vor mir (tattrig, im Schaukelstuhl des Seniorenheims) auf und werfen mir brutale Wahrheiten an den Kopf: „Du hast mich, als ich vier war, zwei Mal zu spät vom Kindergarten abgeholt! Das konnte ich nie verwinden!" „Und mich hast du immer weniger gelobt als DEN DA (verächtlicher Blick auf den jungen, dann 59-jährigen Bruder), wenn ich Kacksi in den Topf gemacht hab!" Hmm. Soll ich den Kleinen dann raten, einen Vergebungs-Workshop im Apennin zu besuchen? Oder mir besser das Hörgerät gar nicht einsetzen? Ich finde ja, man soll der Brut nicht automatisch die Chance nehmen, die Verantwortung für ihr Leben abzugeben. Am Ende müssten sie die Verantwortung selbst übernehmen, das sollten Eltern ihren Kindern also wirklich ersparen.

Hoffentlich nur eine Nachwirkung des Urlaubs ist übrigens meine Vergesslichkeit. Seit zehn Tagen denke ich darüber nach, warum ich mir „Palm-Test, dringend!" im Kalender eingetragen habe. Will ich Zimmerpalmen testen? Will ich Palmers-Verkäuferin werden? Zuzutrauen ist mir alles.

Mindestens bis zum zehnten Lebensjahr wollte ich Winnetous kleine Schwester Nscho-tschi werden, danach lieber Uschi Glas, weil sie von „Bravo" den „goldenen Otto" bekam und ich dringend auch einen Otto wollte. Dafür hat es leider bis heute nicht gereicht. Apropos Bravo: Während des Rückflugs vom Urlaub las ich in einem Magazin, dass Dr. Sommer von Bravo aus Einsparungsgründen gekündigt wurde. Das hat mich weniger erschüttert als die Erkenntnis, dass Dr. Sommer kein sonoriger Herr, sondern eine blonde Frau ist. Schade, dass ich nicht mehr zwölf bin, sonst könnte ich Dr. Sommer ·werden wollen. Eigentlich bräuchte ich bald Urlaub.

Und was machen Sie im Urlaub?

So ein Urlaub eröffnet manchmal unglaubliche Dimensionen. Ich zappte nur ein bisschen rum und landete vor Astro-TV, und eine gewisse Frau Gerda stellte sich als Medium vor, das mit Verstorbenen spricht, und forderte die Zuseher auf, ihren Lieblingstoten zu nennen, damit sie mit diesem Kontakt herstellen könne. Nicht unfaszinierend.

Schon plänkelte Frau Gerda mit der toten Oma einer Anruferin, und kaum entwich deren Geist, vermutlich schreckensbleich, zurück ins Jenseits, klingelte auch schon wieder ihr Telefon, und Frau Hilde verlangte ihren toten Mann zu sprechen. Frau Gerda schaffte auch das mit Bravour, und der Tote und Hilde schworen einander live vor der Kamera ewige Treue (zumindest verstand das Frau Gerda so, die die Stimme des Toten übersetzte).

209

Die Senioren unserer Reisegruppe kamen hinzu, sagten: „Kind, was schaust du dir für Unsinn an!", und blieben sitzen. Weitere Reisegruppen-Mitglieder passierten das TV-Gerät, fragten: „Was macht die Frau denn da?", worauf meine Mutter sagte: „Nichts, die spricht nur mit den Toten", und so saßen wir zu sechst, ich weiß nicht mehr wie lange, vor Frau Gerda, die mit den Jenseitigen scherzte und lachte. Da klopfte es leise, wir erschraken und dachten sofort an Frau Gerda, die womöglich einen Jenseitigen fehlgeleitet hatte. Doch es war dann nur die nette Spanierin, die unser Domizil begehbar hält. Hastig drehten wir Astro-TV ab, mein Vater holte geistesgegenwärtig die Uno-Karten hervor, und die Spanierin freute sich, dass wir es so nett haben. Andere mögen im Urlaub Berge besteigen und Ozeane kreuzen, wir reden halt mit Toten und debattieren, ob Dreijährige einen Schleimball brauchen (Ja!), und das ist auch sehr abenteuerlich.

Wann sind wir da?

Dieser Tage brechen tausende Familien in den Urlaub auf, statistisch die meisten mit dem Auto. Ich kenne das nur vom Hörensagen, ich würde nämlich lieber nicht in Urlaub fahren, als weite Strecken mit meinen Kindern zu fahren, man versichert mir aber glaubhaft, dass so was funktionieren kann. Auch die J.s zum Beispiel, liebe

Freunde, brechen heute für vier Wochen nach Sardinien auf. Ich vermute, sie haben einen Vorrat an Äther dabei, anders ist es nicht zu erklären, dass die Kinder der J.s angeblich NIE die Frage aller Fragen stellen, eine Frage, die meinen Kindern in den Genen liegt, so wie anderen ein großes Talent: „WANN SIND WIR DA?"

Bereits nach Anrollen des Autos, und sei es nur, um zum nächsten Supermarkt zu fahren, tönt es aus dem Fond meines Wagens: „WANN SIND WIR DA?" „Wann sind wir da?", war der erste Satz, den alle konnten, sie konnten weder „Mama" noch „Papa" oder „Auto" sagen, doch sie konnten „Wann sind wir da?" formulieren. Wenn ich mich recht erinnere, hat der Jüngste dann den Rekord gebrochen, weil er schon als Neugeborenes auf dem Weg vom Krankenhaus nach Hause „Wann sind wir da?" gebrüllt hat, es war deutlich zu vernehmen.

Eine 24-Stunden-Fahrt in den Urlaub würden wir nicht überleben, denn traditionell gibt es bei unseren Autofahrten schon nach zwanzig Minuten die dritte Schlägerei auf der Rückbank, nach dreißig Minuten haben die Kinder insgesamt 123 Mal „Wann sind wir da?" gefragt, und nach spätestens zwei Stunden bin ich zum Äußersten entschlossen, nämlich aus dem Seitenfenster zu klettern und mich unter irrem „Jetzt sind wir endlich da!"-Gebrüll vom Dach des fahrenden Wagens zu stürzen.

Wie die J.s die nächsten 24 Stunden überstehen, weiß ich nicht, ich rufe sie aber an und erzähle Ihnen dann, ob sie da sind.

Leute, ich hätte da ein einzigartiges Geschäftsmodell ...

Endlich ist es Sommer. Zumindest dort, wo Sie sich aufhalten. Schön für Sie. Und ich kann Ihnen nur raten: Bleiben Sie mir fern. Meiden Sie mich weiträumig. Denn wo ich bin, ist schlechtes Wetter.

Lange Zeit glaubte ich an Zufall, wenn sich die Bevölkerung an heißen Julitagen in der Sonne räkelte und in lauen Seen planschte, während genau über mir – im gleichen Land! – schwallartig kaltes Wasser niederging. Oder wenn über Ibiza, kaum dass ich aus dem Flugzeug stieg, eine Kältewelle verheerenden Ausmaßes fegte. Wie man mir versicherte, gab es bis zu meiner Ankunft in der südlichen Ägäis auch noch niemals Schnee.

Nun, halten Sie mich bitte nicht für größenwahnsinnig, wenn ich Ihnen ein Geheimnis verrate. Was die Griechen und alle anderen armen Teufel, die mich zuvor noch nie im Land hatten, nicht ahnen, ist: Das Wetter wird extra für mich gemacht. Ich weiß es. Irgendjemand sitzt

da oben und denkt: „Ah, wo fährt sie denn diesmal hin?
Und, aha, sie hat nur offene Schuhe im Gepäck? Fein, da
werden wir es ihr mal wieder tüchtig zeigen! Und einen
neuen Regenrekord aufstellen. Oder eine kleine Muren-
Katastrophe anzetteln …"

Man könnte die weltweite Wetterprognose vereinfachen,
wenn man der jeweiligen Bevölkerung einfach meinen
Standort bekannt gibt. „Dideldumdei, Hitradio Ö3 mit der
aktuellsten Prognose: Uschi plant in zwei Wochen einen
Südsee-Trip. Die bei uns einzigartige Frostwelle endet
also in vierzehn Tagen, die Behörden der Fidschi-Inseln
sind alarmiert, an die Bevölkerung werden bereits Pudel-
hauben und Schneeschuhe ausgegeben."

Ich bin nicht frei von materieller Gier. Habe beschlossen,
mein stilles Talent zu vermarkten. Rufe neuerdings bei
Reisekonzernen an: „Hallo, ich bin's, Sie wissen schon.
Wollte nur erwähnen, ich fahre in zwei Wochen nach
Dubai. Es sei denn, Sie zahlen gut …" Na, Entschuldigung,
würden Sie an meiner Stelle auch so machen! Meine
Kinder mögen meine neue, lukrative Tätigkeit ganz
gerne. Dick vermummt (dort, wo ich bin, ist nicht nur
verheerendes Wetter, in der Regel fallen auch Strom und
Heizung aus) suchen sie mit steif gefrorenen Fingerchen
und roten Nasen in ihrem alten Schulatlas nach immer
kühneren Schönwetter-Destinationen. Gerade eben rang

mir der größte Malediven-Anbieter das Versprechen ab, die Inselkette für die nächsten zwanzig Jahre großflächig zu meiden. Leute, mit dem Haufen Kohle bauen wir uns endlich eine neue Existenz auf! Regenmacher in der Sahara wäre eine Möglichkeit.

Warum es nicht einfach ist, für eine Woche die Koffer zu packen

Ein Mann und eine Frau packen ihre Koffer für den Urlaub. Der Koffer des Mannes ist so groß wie ein kleines Handtuch, der Koffer der Frau ist so groß wie zwei nebeneinander liegende riesige Strandtücher. Daneben hat die Frau noch eine Reisetasche von beachtlichem Ausmaß positioniert. Der Mann schaut auf seinen kleinen Koffer, der locker gefüllt ist. Dann schaut er auf den prall gefüllten großen Koffer der Frau sowie auf deren halbgefüllte Reisetasche und sagt: „Wir fahren nur eine Woche weg. Dort, wo wir hinfahren, hat es morgens um vier Uhr noch 28 Grad. Außer Badezeug braucht man nichts. Handtücher gibt es dort. Alles andere gibt es auch dort. Was packst du da eigentlich ein?"

Die Frau überlegt kurz. Wie erklärt man jemandem in einem Satz, dass es auch morgens um vier bei 28 Grad

oder abends um acht bei 31 Grad Eventualitäten geben
kann? Wetterumstürze. Stimmungsumstürze (inklusive Abreise auf andere Erdteile mit anderen Witte-
rungsbedingungen), Naturkatastrophen, gar nicht zu
reden von Lebensumstürzen. Zum Beispiel wenn man
sich entschließen sollte, dort wo man dann ist, einfach
zu bleiben. Und seinen Unterhalt damit zu verdienen,
Kokosnuss-Ketten zu fädeln und an staunende Touristen
zu verkaufen. Die Kinder könnten die kleine Baracken-
Schule der Einheimischen besuchen und morgens glücklich und barfuß die Fischerhütte verlassen, in der man
die Nacht, eng aneinandergekuschelt, auf gar nicht so
unbequemen Strohmatten zugebracht hatte. Es würde
ein entbehrungsreiches Leben, aber am Ende des Tages
wären alle froh über die Chance, den ganzen zivilisierten
Techno-Müll fortan durch das kreative Flechten von
Bananenblättern ersetzen zu dürfen. All das und noch
ein bisschen mehr geht der Frau in jener Nanosekunde
durch den Kopf, ehe sie dem Mann auf seine Frage ant-
wortet: „Ich packe nur das Wichtigste ein.“

Der Mann sagt jetzt nichts mehr. Die Frau packt weiter
ein. Es fehlen noch die Lego-Raumstation, die dreizehn
„Masters of the Universe“-Figuren, der Kontaktlinsen-
Vorrat für ein halbes Jahr, die acht Lieblings-DVDs der
Kinder, der Ersatz-Laptop – nur, falls das mit den Bana-
nenblättern auf die Schnelle doch nichts wird.